Porto Vigo Santiago

Auf dem portugiesischen Jakobsweg entlang

der spirituellen Variante. Ein Experiment

2019 - 2021

© 2022, Thomas Schmidt
Herstellung und Verlag: BoD – Books on Demand, Norderstedt

Auflage II: 22.02.2022

ISBN: 9 783755 758815

Autor u. Fotos:
Dr. med. Thomas Schmidt, Bocholt, 2019 / 2021

Buch-Layout, Satz u. Druckdaten:
Klaus Berghorn, www.AaWerbung.de

Vorwort

Das vorliegende Buch besteht aus zwei Abschnitten, die jeweils als Band in der Reihe Caminosplitter erschienen sind. Der erste Teil führt mich und meine Partnerin im Juli 2019 auf den portugiesischen Küstenweg bis Vigo. Den zweiten Abschnitt laufen wir im Sommer 2021 von Vigo aus zunächst nach Pontevedra und von dort aus entlang der spirituellen Variante nach Santiago. Da wir beide in unseren Berufen zeitlich stark eingebunden sind, spalten wir den etwa 250 Kilometer langen Caminho portugues da Costa in zwei Teile auf. Als wir unseren Pilgerweg 2019 starteten, ahnten wir noch nichts von einem Virus mit dem Namen Covid 19. Die Pandemie verhinderte, dass wir unseren Weg bereits 2020 fortsetzen konnten.

Bisher waren Kerstin und ich der Meinung, dass es besser sei, wenn ich meine Jakobswege in Spanien und Portugal allein gehen würde. Ein weinseliger Abend auf der Gartenterrasse machte uns mutig, es gemeinsam zu versuchen. Vielleicht auch übermütig – Das Ergebnis und die Folgen unseres Experimentes erfahren Sie in diesem Buch!

INHALTSVERZEICHNIS

Abschnitt 1 - Juli 2019

Abschnitt 2 - Juli 2021

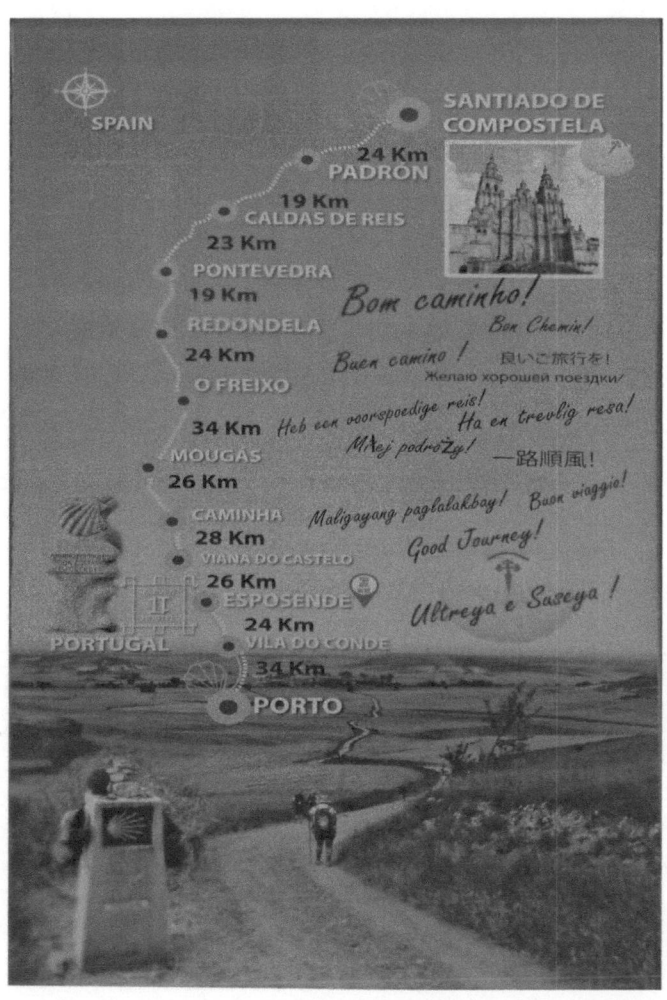

Prolog

D ie Frage kam aus dem Nichts. „Wann laufen wir zusammen auf dem Jakobsweg?", hatte ich verstanden. Ich musste mich wohl verhört haben oder irgendeinem Tagtraum „zum Opfer" gefallen sein. Nach unserer Erfahrung vor einigen Jahren in Sevilla war klar, dass es MEIN Hobby sein sollte und nicht unser gemeinsames. „Kannst du deine Frage bitte noch einmal wiederholen?", bat ich Kerstin, um Gewissheit zu erlangen, dass ich mich nicht verhört hatte.

Ja, ich hatte sie korrekt verstanden. Die Sache mit Sevilla war vergessen. Zu häufig und allzu begeistert hatte ich von meinen Caminos in Spanien und Portugal berichtet. Vielleicht war der Stimmungsumschwung schon im Juni 2018 erfolgt, als es im Anschluss an meine Wanderung auf dem Camino del Norte ein freudiges Wiedersehen in Bilbao gab. Nach meiner letzten Etappe von Gernika nach Bilbao trafen wir uns in der baskischen Metropole, um die Stadt gemeinsam zu erkunden .Einige Jahre zuvor waren wir während unseres Urlaubs in Andalusien die erste Etappe der Via de la Plata von Sevilla nach Guillena zusammen gelaufen. Für mich war es ein Herzenswunsch, nachdem ich bereits einige Male zuvor in Spanien Richtung Santiago gepilgert war. Ich erinnere mich noch gut, wie Kerstin damals sagte „Ich wandere gerne mit dir, wo und wohin du willst - pilgern kannst du besser allein". Irgendwie war ich ihr seltsam und fremd erschienen: Kontemplativ versunken in die eigene Gedankenwelt anstatt im gemeinsamen Gespräch.

Ich ließ mich nicht lange bitten. Kerstin hatte ihre Frage gerade bestätigt, da begann ich im Geiste die einzelnen Caminos, die in Frage kamen, im Kopf durch zu deklinieren: Camino Frances – zu voll. Camino del Norte – zu feucht, Via de la Plata – zu einsam. Camino Portugues – bin ich schon mit meinem Sohn Luca gelaufen. Obgleich: Eine Variante des Portugiesischen Jakobsweges, der Camino Portugues da Costa stand bereits seit geraumer Zeit auf der Liste meiner zukünftigen Camino - Optionen. Der Küstenweg verläuft von Porto aus weitgehend am atlantischen Ozean entlang, um später auf den inneren Weg zu stoßen. Der würde passen: Das Meer -- zumindest im ersten Teil - immer in Blickweite, ausreichende Auswahl an Unterkünften und von der Frequenz der Pilger her überschaubar. So, wie Kerstin es sich vorstellte, würde unsere gemeinsame Wanderung auf dem Jakobsweg jedoch nicht den üblichen Verlauf nehmen. Einfache Pensionen wären passend. Große Schlafräume in Herbergen, die ich sonst auf meinen Solotrips bevorzuge, kamen für sie nicht in Frage. 20 bis 30 Kilometer Wandern und keine feste Unterkunft zu haben, war mir im Beisein von Kerstin zu unsicher. So galt es, die Etappen aufzuteilen und entsprechende Unterkünfte im Voraus festzulegen. Eine neue Erfahrung für mich. Deutschsprachige Reiseführer vom Camino Portugues da Costa suchte ich vergeblich. Ich beschränkte meine Recherchen daher zunächst auf Berichte und Blogs im Internet. Im März 2019 erschien das bewährte Format von Cordula Rabe über den portugiesischen Küstenweg mit interessanten geschichtlichen Informationen zu den jeweiligen Etappenzielen Mit Hilfe des Reiseführers fiel es leichter, die Etappen festzulegen. Die Etappenlänge sollte im Schnitt ca. 25 km betragen, um nach sechs Tagen in Vigo anzukommen. Bei den vorgebuchten Unterkünften entdeckte ich sogar zwei private Herbergen, die auch Doppelzimmer anboten. So ließe sich zumindest ein Hauch von Herbergsromantik mitnehmen. Mein ans Herz gewachsener blauer Deuter - Rucksack hatte nach zehn Jahren seinen Dienst eingestellt. Ein passender neuer Rucksack in bewährtem Material und gleichem Ausmaß lag auf dem Weihnachtstisch.

Wir planten die weitere Reise von Vigo aus etappenweise mit dem Zug durch Portugal mit Zwischenstationen in Braga, Coimbra und Evora bis zur Algarve. Was den Zeitpunkt unserer Reise betraf, waren wir bei Kerstin berufsbedingt auf die Schulferien angewiesen. Die Herbstferien kamen für mich nicht in Frage, da ich im Oktober zum ersten Mal in Kalkutta bei „German Doctors" mitarbeiten wollte. So blieben noch die Sommerferien: Klimatisch gesehen für diese Region keine schlechte Zeit, soweit man im Stande ist, auch mal einen heißeren Tag unter physischen Belastungen zu ertragen. Anderseits kann man davon ausgehen, dass meistens vom Atlantik her eine frische Brise weht und nicht wie etwa auf der Via de la Plata in der Extremadura im Sommer Höllenqualen zu erwarten sind.

Wir legten uns schließlich auf die ersten beiden Wochen der Sommerferien im Juli fest.

„Bin ich eigentlich noch bei Sinnen?", frage ich mich, nachdem ich auf den Button „Buchen" gedrückt habe. Die Belastbarkeit unserer wunderbaren Beziehung derartig zu testen, scheint mir angesichts unserer Erfahrungen von Sevilla in diesem Moment wenig plausibel. Damals wurden uns bereits nach einigen Stunden die Grenzen aufgezeigt. Jetzt trauen wir uns zu, den unterschiedlichen Redebedarf und die Reflektion auf sich selbst über eine ganze Woche in Einklang bringen zu können.

„Think positive", meldet sich zaghaft eine andere Stimme aus dem limbischen System. Vielleicht erweitert das gemeinsame Erleben gar das positive Spektrum unseres Zusammenlebens und eröffnet uns ungeahnte Möglichkeiten. Ist es nicht schöner, spannendes neues mit einem geliebten Menschen zu teilen?

Vamos a ver!

Portus Cale die Schöne

D ie Feierlichkeiten anlässlich Kerstins Geburtstages am zwölften Juli fallen moderat aus. Das Ziel, unsere Reise möglichst ausgeschlafen anzutreten, wollen wir nicht aufs Spiel setzen. Es gelingt.

Die Abflugzeit um 13.15 Uhr von Köln erlaubt uns, noch ein sättigendes Frühstück in Bocholt einzunehmen. Der Flieger startet mit einer Stunde Verspätung von Köln. Ob wir wollen oder nicht: Gedanklich sind wir bereits auf dem Pilgerweg angekommen. Riesige Muscheln an Rucksäcken herunterbaumelnd vermitteln uns, dass wir nicht die einzigen Pilger auf dem Weg von Porto nach Santiago sein werden. Oder führt ihre Wanderung die beiden Damen vor uns gar nach Fatima, der berühmtesten Pilgerstätte in Portugal? Der Weg dorthin orientiert sich jedoch in südliche Richtung und kennt andere Symbole als Muschel, strahlende Sonne oder gelbe Pfeile. Eine der Damen nimmt den Platz im Flugzeug neben mir ein, die andere zwei Reihen dahinter neben Kerstin. Man könnte sich auf einen Austausch über diverse Camino-Erfahrungen bzw. -Erwartungen einlassen oder... Wir nehmen „oder" und wechseln die Plätze: Meine Nachbarin nach hinten und Kerstin nach vorne. Die nicht unerheblichen Turbulenzen beim Anflug auf Porto lassen sich händchenhaltend besser überstehen.

Die Uhr wird bei unserer Ankunft um eine Stunde auf 15.30 Uhr Ortszeit in Porto zurückgestellt. Oporto steht an der Eingangshalle. So nennen die Einwohner ihre Stadt selbst, den männlichen Artikel dem Namen vorangesetzt. Die Griechen nannten die Siedlung in der Gegend der heutigen Stadt Porto ursprünglich „Kalos – die Schöne". Decimus Junius Brutus Callaicus, der römische Eroberer der Region übernahm die griechische Bezeichnung. So wurde im ersten Jahrhundert n. Chr. aus Kalos Portus Cale. Für Kerstin, wie auch für mich ist Porto kein unvertrautes Terrain. Kerstin besuchte die Stadt vor etlichen Jahren mit ihren Kolleginnen. Ich habe hier meinen Camino Portugues 2011 begonnen. Damals lief ich den ersten Teil bis Valenca durch das Landesinnere allein und dann 2012 mit meinem ältesten Sohn Luca von Valenca nach Santiago. Anders als vor sieben bzw. acht Jahren werden wir dieses Mal bis Vigo an der Küste entlanglaufen, um dann – wenn meine Liebste noch mag – im Jahr darauf von dort in Redondela auf den inneren Weg zu gelangen. Das jedoch ist Zukunftsmusik. Es bleibt abzuwarten, wie wir das gewagte Experiment beziehungsmäßig bestehen.

Wir nehmen die Metro in die Innenstadt über Trinidade bis zur Station Bolhao. Von hier aus sollte es nicht mehr weit zu unserer vorgebuchten Unterkunft „My Stay Bolhao" sein.

Erwartungsfroh verlassen wir die dunklen Katakomben der Metro und erblicken das grelle Tageslicht auf der belebten Einkaufsstraße Santa Katharina des Stadtteils Bolhao, ein paar hundert Meter entfernt vom eigentlichen Zentrum. Vor uns stoßen wir mit der Nase auf die mit prunkvollen hellblauen Azulejos verzierte Kapelle Almas. Sie wird morgen unsere erste Anlaufstation sein.

Zehn Minuten später stehen wir vor dem etwas unscheinbar wirkenden

Entree unserer Unterkunft für die heutige Nacht. Der Empfang ist freundlich, das Einchecken an der winzigen Rezeption unkompliziert. Wir legen unsere Rucksäcke ab und beginnen unverzüglich die Stadterkundung bei angenehmen 25 Grad Celsius und azurblauem Himmel.

Direkt um die Ecke lockt eine Eisdiele. Vor der Theke erörtern wir, welche Geschmacksrichtung bei dem vielfältigen Angebot in Frage kommt. – „Darf ich Ihnen etwas empfehlen?", fragt die charmante junge Dame hinter dem Tresen in perfektem Deutsch mit südländischer Einfärbung. Sie ist Schweizerin und studiert in Porto.

Unser Weg führt uns hinunter zum Bahnhof Sao Bento. Nicht einfach ein Bahnhof – nein, der 1916 eröffnete Estacao de Sao Bento präsentiert sich mehr als ein kleines Museum mit Azulejos - Motiven aus dem Verkehrswesen in der Vorhalle.

Die Rua dos Clerigos heraufschauend lässt sich bereits die Igreja und der Torre dos Clerigos als höchster Punkt der Stadt erspähen. Ein klassischer Blickfang für die Stadt Porto ist die Trambahn (Electrico) mit Wagons aus dem Jahre 1922, die sich quietschend den Berg hinauf quält. Statt den Torre zu besteigen, wenden wir uns, dort angekommen, nach rechts und erreichen kurze Zeit später an der 1911 gegründeten Universidade do Porto entlanglaufend die berühmte Livraria da Lello, die von einigen bekannten Magazinen als die schönste Buchhandlung der Welt bezeichnet wurde. Die lange Menschenschlange vor dem Gebäude hält uns von einer Besichtigung der Räume ab. Stattdessen bewegen wir uns zurück in Richtung Kathedrale, die auf einer Anhöhe mit Blick auf den Duoro über der Stadt thront. Auf dem Weg dorthin finden sich an den Hauswänden die ersten gelben Pfeile, die uns in den nächsten Tagen den Weg weisen sollen. Die im romanischen Stil im 12. Jahrhundert erbaute

Kathedrale Se do Porto ist gleichzeitig der Ausgangspunkt des Caminho portugues de Santiago. So gerade noch rechtzeitig vor Toresschluss erhalten wir die ersten Stempel in unsere Pilgerausweise (Credential). Um in den Genuss der Compostela am Ende der Reise in Santiago zu gelangen, benötigt man das sogenannte „Credential", zum Nachweis der täglich absolvierten Kilometer.

Das Eis hat uns kurzfristig Kraft für die Stadtbesichtigung verliehen. Mittlerweile machen sich unsere Mägen jedoch akustisch so deutlich bemerkbar, dass wir ihnen eine ordentliche Mahlzeit nicht länger vorenthalten wollen. Unser Ziel ist die andere Seite des Douros, an dessen Ufer sich einige nette Restaurants zwischen den Bodegas aller namhaften Portweinerzeuger befinden sollen. Die Überquerung des Flusses über die von Theophile Seyrig, einem Schüler Gustavo Eiffels 1886 erbaute ca. fünfzig Meter hohe Brücke „Ponte Luis" fordert mir einiges an Selbstdisziplin ab. Auch ein heroischer Selbstheilungsversuch mittels Canopying im Dschungel von Costa Rica vor zwei Jahren konnte meine Höhenangst nicht signifikant vermindern. In einem Anfall von Übermut hatte ich mich überreden lassen, an einem Drahtseil über eine 200 Meter tiefe Schlucht zu „fliegen". Während ich mir - körperlich unbeschadet, mental jedoch am Limit – mit zittrigen Knien schweißgebadet und erleichtert nach dem Kick die Ketten vom Leibe riss, setzte meine Liebste noch eine Schippe drauf: Scheinbar völlig gelassen schwebte Kerstin wie Supermann mit ausgebreiteten Armen über dem mittelamerikanischen Dschungel, den Blick stets in den Abgrund gerichtet.

Meine feuchten Hände klammern sich an Kerstins Flanke. Lieber lasse ich den Blick in die Ferne schweifen, anstatt länger als drei Sekunden herunter auf die spiegelnde Oberfläche des Douros zu starren. Ein nur flüchtiger Blick nach unten ruft bereits ein mittleres Beben in der Magengrube und eine gruselige Achterbahnfahrt unter der Schädeldecke hervor.

Vor den gut gefüllten Lokalen müssen wir uns ein wenig gedulden, um einen Platz mit Aussicht auf den Fluss zu ergattern. Es lohnt sich: Wie auf einem kitschigen Gemälde beleuchtet die untergehende Sonne orangeglühend die Dschunken auf dem Douro. Am gegenüberliegenden Ufer

 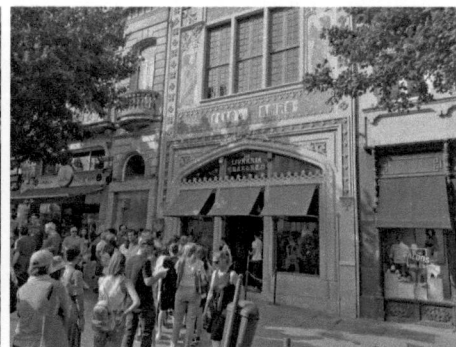

zeigt sich erhaben die noch vor einigen Minuten von uns besichtigte Kathedrale zwischen den Häusern mit ihren pittoresken Fronten. Schon vor acht Jahren bei meinem ersten Caminho in Porto haben mich die farbigen Gebäude derartig fasziniert, dass ich gedankenverloren wie „Hans Guck in die Luft" nach oben schaute und die Bekanntschaft mit einem Eisenpfahl machen durfte, der partout nicht von der Stelle weichen wollte. Meine Unachtsamkeit bescherte mir eine nicht unerheblich blutende Gesichtsplatzwunde und einen Brummschädel. Freundliche Portugiesen stürzten sich auf mich, um die klaffende Wunde an der Stirn zu versorgen. Nur mit großer Mühe konnte ich sie davon abhalten, einen Rettungswagen herbeizurufen.

Tempi passati. Die Wunden sind verheilt.

Hic Rhodos hic salta. Landestypische Speisen sollen auf unsere Teller. Wir entscheiden uns für Backalhau (Stockfisch) und Francesinhas. Bei letzterem handelt es sich um eine Spezialität aus Porto, die allerhöchsten kalorischen Ansprüchen gerecht wird: Ein Toastbrot, belegt mit gekochtem Schinken, einer Chorizo ähnlichen Wurst und Rindfleisch, bzw. Beef. Das Ganze wird mit Käse überbacken und mit einer dickflüssigen heißen Soße aus Tomaten, Bier und Senf übergossen. Die Luxusversion erhält zur Krönung noch ein Spiegelei obendrauf. Läuft einem da nicht das Wasser im Mund zusammen? Ordert man dazu noch Batatas Fritas, darf man sicher sein, dass die Produktion der Magensäfte auf eine ernsthafte Probe gestellt wird. Mein durch unzählige „Currywurst-Pommes-Mayo"-Mahlzeiten trainierter Verdauungstrakt schafft das!

Auf dem Weg zu unserer Unterkunft genehmigen wir uns einen Absacker in einer Hinterhofkneipe. Die Orientierung im Dunkeln beschert mir ein

unerwartetes Déjà vu-Erlebnis: Als ich vor acht Jahren zum ersten Mal nach Porto flog, um den klassischen portugiesischen Weg zu laufen, irrte ich nach der Ankunft nachts oberhalb der Igreja da Trinidade umher, um mein Hotel zu finden. Dabei drehte ich mich mehrmals im Kreis, sodass ich nach wenigen Minuten immer wieder wie das täglich grüßende Murmeltier an der gleichen Stelle auskam. Erst als mir ein englisches Paar den Weg zu meiner Unterkunft direkt um die Ecke wies, erreichte ich mein Ziel. Genau an dieser Bar, an der ich damals meine Retter fand, stehen wir jetzt. Es sind nur ein paar Meter von hier zu unserer heutigen Schlafstätte. Erfüllt vom Zauber der Stadt schlummern wir erwartungsfroh unserer ersten Etappe entgegen.

Auch wenn es kein richtiges Frühstück gibt, ein paar Plätzchen mit Honig und Marmelade sowie ein Teebeutel liegen auf unserem Nachttisch. Mit den Tassen in der Hand laufe ich aus dem dritten Stock barfuß über das warme Parkett in das Erdgeschoss. Hier an der noch nicht besetzten Rezeption steht der Warmwasserkocher für unseren Tee. Als ich auf dem Rückweg an die Tür unseres Zimmers klopfe und um Einlass bitte, passiert nichts. Ich klopfe erneut. Keine Reaktion, kein Geräusch. Hat es sich meine Liebste doch noch einmal überlegt oder ist sie wieder eingeschlafen? Ich ziehe an der Klinke. Die Tür bleibt verschlossen. Gemurmel hinter der Tür. Ich ahne plötzlich, dass es gleich Ärger geben wird, wenn sich die Tür öffnet ... und sprinte nach oben einen Stock höher. Aufwärmtraining für den ersten Caminotag! Kerstin fragt sich, wo ich mich so lange herumgetrieben habe.

Um viertel nach acht sind wir raus. Den Segen für unseren Jakobsweg holen wir uns in der außen wie innen mit fast 16.000 Azulejos ausgestatteten Kirche Capela das Almas auf der Rua Catarina; dort, wo wir gestern die Stadt betreten haben. Gewidmet wurde die Kapelle der „Nossa Senora da Almas", also unserer lieben Frau der Seelen. Die Kacheln zeigen u.a. Szenen aus dem Leben des Franz von Assisi und der Jungfrau Katharina. Betritt man die Kapelle von der quirligen Einkaufsstraße, so fühlt es sich an, als sei man von einem Augenblick auf den nächsten in eine andere, viel ruhigere Welt eingetaucht. Ein würdiger Ort der Stille für unseren Start auf dem portugiesischen Jakobsweg.

Von hier aus fahren wir mit der Metro, die nach zwei Stationen weitgehend überirdisch verläuft, in Richtung Matosinhos. So verkürzen wir unsere erste Etappe um zwölf Kilometer, in dem wir uns den Marsch durch die Vorstädte Portos ersparen. Unser Ziel ist Vila do Conde, ca. 35 Kilometer vom Ausgangspunkt Kathedrale Porto entfernt. Das wäre für den ersten Tag definitiv zu viel. Nach allem, was ich auch von gut trainierten Pilgern erfahren und gelesen habe, würden wir riskieren, unsere Wanderung vorzeitig abbrechen zu müssen. Eine Möglichkeit wäre noch gewesen, mit der Linie eins, der Electrico, bis zur Endstation an der Küste zu fahren. Dann hätten wir fünf Kilometer gespart und noch gut 30 Kilometer zu laufen. Auch das erscheint uns zu ambitioniert für die erste Etappe. Von der Station Mercado in Matosinhos sind es gut 23 Kilometer bis Vila do Conde. Das sollte passen, berücksichtigt man, dass häufig noch der ein oder andere Kilometer durch Verlaufen dazukommt.

Die gestern noch so lebhafte Stadt wirkt am heutigen Sonntagmorgen wie ausgestorben. Immer wieder schweift unser Blick auf eines der Markenzeichen Portos: Hübsch gekachelte Häuserfronten, die nicht nur mit blauen, sondern auch mit grünen Azulejos versehen sind. Welch ein Widerspruch! Blaukacheln in grün? Nun ja, wenn man davon ausgeht, dass ihr Name von dem Adjektiv azul = blau abgeleitet wird, mag man verwundert sein. Nähert man sich sprachwissenschaftlich und historisch der Bedeutung des Wortes Azulejo, so stellt man fest, dass es aus dem arabischen stammt und so viel wie Kachel oder Fliese heißt. Die eindrucksvollen kulturellen Hinterlassenschaften der Araber sind immer noch prägend auf der iberischen Halbinsel.

Wir verlassen die Metro - wie geplant – an der Haltestelle Mercado und orientieren uns von der menschenleeren Hauptstraße aus in Richtung Meer. Während der Fahrt hierhin hatte ich Gelegenheit, die Geschichten und Legenden der Ortschaft in dem Büchlein von Cordula Rabe nachzulesen. Es gibt etliche Versionen davon, wie das Symbol der Muschel für den Jakobsweg entstanden ist. Eine der berühmtesten und kreativsten Legenden stammt aus Matosinhos: Cayo Carpo, ein römischer Edelmann feierte 44 n. Chr. am Sandstrand von Matosinhos Hochzeit. Dabei kam ihm die Idee, seine Gäste zu einem Wettbewerb herauszufordern. Gewinner sei der, der es schaffte, am weitesten ins Meer hineinzureiten. Wie nicht anders zu erwarten, war es Cayo Carpo selbst, dem es gelang bis zum Horizont zu galoppieren. Dort traf der Römer auf das steinerne Schiff, mit dem der Leichnam des Apostels Jakobus von Palästina nach Galicien transportiert wurde. Besagtes steinernes Schiff wird uns zu einem späteren Zeitpunkt der Pilgerreise erneut entsprechend der Legende begegnen. Für Cayo Carpo war das Wunder der Begegnung mit dem Schiff Anlass, umgehend zum Christentum zu konvertieren. Reiter und Pferd verschwanden auf dem Rückweg im Meer und tauchten mit unzähligen Muscheln bedeckt wieder auf. Der Name der Stadt Matosinhos leitet sich von diesem Bild ab (portugiesisch matizado=eingefärbt).

An der Ponte Movel steigen wir die Treppen hinauf und überqueren die Brücke über den Rio Leca. Auf der anderen Seite stoßen wir auf einen Kreisverkehr, an dem wir eine kleinere Straße Richtung Meer ansteuern. Meine olfaktorischen Sensoren nehmen einen extrem angenehmen Reiz war. Ein paar Meter weiter erfolgt die Auflösung: Eine Konditorei auf der linken Seite versprüht die wohligen Gerüche. Kerstin zögert noch. Mich hält nichts mehr – mit aller Macht zieht es mich in den Laden. In einer Auslage werden Pasteis de Nata - Puddingtörtchen - in verschiedensten Variationen angeboten. Die vielleicht originellste portugiesische Spezialität. Dazu den ersten Café com Leite – Pilgerherz, was willst Du mehr!
Nach dem spartanischen Frühstück in unserer Unterkunft das erste kulinarische Highlight des Tages!

Es dauert nicht lange, dann sind wir auf der breiten asphaltierten Strandpromenade, die wir in Richtung Norden entlanglaufen, links der Atlantik, rechts eine Ölraffinerie. Was die maritime Idylle angeht, bleibt noch viel Luft nach oben. Kurz hinter der auf einem Felsvorsprung liegenden Capela da Boa Nova beginnt der Holzsteg, der für viele Kilometer der geeignete Untergrund für unsere Wanderstiefel sein wird. Junge, mittelalte und betagte Männer und

Frauen kommen uns joggend entgegen oder überholen uns. Wir analysieren die unterschiedlichen Laufstile.

Zunehmend ändert sich unser Umfeld. Herrliche Sandstrände mit dazwischen gelagerten bizarren Felsstrukturen, an denen sich die Atlantikwellen abarbeiten, bilden auf der linken Seite eine Kulisse, die ihresgleichen sucht. Auf der anderen Seite finden sich kleine Häuseransammlungen mit netten Lokalen. Zwischendurch dürfen wir Holztreppen herauf- und herunterklettern, was für Abwechslung sorgt und der Monotonie entgegenwirkt. Gleiches gilt für die pittoresken kleinen Fischerhäuschen mit Fischernetzen, Booten und Bojen, die wir am Ende einer Holzbrücke erblicken, sowie für den Obelisco da Praia da Memória, der mitten auf dem Holzsteg etwas verloren daherkommt. Erste Ermüdungserscheinungen werden durch diese visuellen Wahrnehmungen unterdrückt. Der Obelisk erinnert an den Beginn des Miguelistenkrieges 1832. Der absolutistisch eingestellte König Miguel I von Portugal wurde von seinem liberal gesinnten Bruder Pedro I, seines Zeichens Kaiser von Brasilien, besiegt. Der Sieg Pedros markierte gleichzeitig das Ende der absoluten Herrschaft in Portugal.

Nach drei Stunden Laufen nutzen wir eine Pause in einem dieser dem Meer zugewandten Cafés. Die freundliche Bedienung, die fröhlichen Menschen um uns herum und das helle Licht der Mittagssonne mit vereinzelten Kumuluswölkchen am blauen Himmel vermitteln ein

klares Signal: Das Leben ist schön! Unsere Augen auf den Ozean gerichtet lassen wir mit einem Café com Leite in der Hand Beine und Seele baumeln.

Wir passieren das kleine Örtchen Labruge, in dem die Übernachtung in einer Herberge möglich wäre. Ein weiteres Refugio befindet sich in Vila Cha, nicht weit vom Strand entfernt. Das hier wäre eine geeignete Lage für eine Bleibe abseits des städtischen Rummels. Unsere inzwischen müden Beine würden sofort zustimmen, wir haben aber noch sieben Kilometer vor uns bis zur gebuchten Unterkunft in Vila do Conde. Auf der linken Seite fällt uns eine evangelische Kirche mit den griechischen Buchstaben Alpha und Omega am Eingang ins Auge. Welch ein großartiges Ambiente für einen Gottesdienst mit Blick auf das offene Meer! Ein Irrglaube, wie sich bald herausstellt. Ich laufe um die Kirche herum und muss leider feststellen, dass die dem Strand zugewandte Seite keine Fenster hat. Schade!

Bisher haben wir nur wenige Pilger gesehen und wenn, waren es ausschließlich Frauen. Auch wenn es noch so herrlich ist, auf den Holzstegen am Meer entlang zu laufen, wir haben nichts dagegen, dass unser Ziel - noch klein und ein gutes Stück entfernt – bereits in Sichtweite auftaucht. An einem Steg, der über einen winzigen Bach führt, werden wir vom Strand weg auf eine wenig befahrene Straße geleitet. Rechts eine Kirche, der Camino geht links ab. Jetzt kann es nicht mehr lange dauern, bis wir da sind. Fehlanzeige - das war`s noch nicht! Der Weg zieht sich. Entweder werden wir in einem großen Bogen zum Zentrum von Vila do Conde geführt oder unsere Wahrnehmung ist durch die Müdigkeit völlig verzerrt.

Bis wir das mächtige Monasteiro de Santa Clara hoch oben auf einer Anhöhe erblicken, fließen noch einige Schweißtropfen. Das Klarissenkloster imponiert von weitem eher wie eine Festung oder eine Burg. Die breite Brücke über den Rio Ave führt uns ins überschaubare Zentrum von Vila do Conde, das eine erste schriftliche Erwähnung im Jahre 953 fand und somit zu den ältesten Städten Nordportugals gehört. Die Stadt hat heute knapp 30.000 Einwohner.

Für den ersten Tag reicht es. Kerstin ist müde und auch ich kann mich an vitalere Zeiten erinnern, als wir vor der verschlossenen Tür unserer vorgebuchten Unterkunft stehen. Was wir bisher noch gar nicht so richtig realisiert haben, wird uns hier bewusst: Heute ist Sonntag. Um diese Zeit gegen 15.00 Uhr sind nur wenige Menschen auf der Straße. Die meisten dürften sich am Strand aufhalten oder Siesta machen. Ich hole mein Handy aus der Tasche und wähle die Telefonnummer der gebuchten Adresse. Eine junge weibliche Stimme teilt mir in perfektem Englisch mit, dass sie mir eine WhatsApp-Nachricht auf das Mobiltelefon geschickt habe, in der der Code für die Eingangstür angegeben ist. Die Nachricht war mir entgangen, da ich wie gewöhnlich mein Handy während des Laufens abgestellt hatte. Wir geben den Code ein und wie von einer magischen Hand geführt, öffnet sich die Tür. Was wir zu sehen bekommen, erscheint uns wie eine Erleuchtung: Helle, sehr geschmackvoll und modern eingerichtete Räume mit gemütlichen Leseecken, lichtem Parkett aus Lärchenholz, Innenmauern aus Naturstein, ein gläserner Aufzug, der uns innerhalb der Wohnung nach oben zu unserem Zimmer führt. Auch hier: Warme Wandfarben, gut abgestimmtes Mobiliar und Betten, aus denen wir uns kaum mehr erheben möchten, nachdem wir unsere müden Knochen auf ihnen abgelegt haben. Ein wahrhaft geeignetes Szenario für unsere erste Camino-Nacht! Der Preis von 50 Euro erscheint uns mehr als gerechtfertigt.

So weit so gut. Kerstin kann

sich allerdings im Moment nicht vorstellen morgen weiterzulaufen. „Doch du kannst!", lasse ich den erfahrenen Pilger und Geschichten-erzähler heraushängen. „Morgen früh wirst du dich wieder mit Freude auf den Weg machen, als wäre nichts gewesen!" Ungläubig schaut sie mich an, verzichtet auf eine Gegenrede und deutet mir stattdes-sen mit einer liebevollen Geste an, ein Nickerchen halten zu wollen. Während ich von meinen weiteren Plänen berichte, vernehme ich ein leichtes Säuseln. Meine Pilgerfreundin ist eingeschlafen.

Ich ringe mit mir, ob ich mich anschließen soll, habe jedoch noch etwas zu erledigen. Daher richte ich mich steif und ungelenk auf, ziehe meine Flipflops an und wackele mit dem eines müden Pilgers angemessen Gang auf die Straße. Dort angelangt mache ich mich auf die Suche nach einem geeigneten Platz, für mein erstes Ankunftsbier. Ich finde diesen Platz gleich um die Ecke auf der Gartenterrasse einer Kneipe auf der Praca da Republica. Seitdem ich Jakobswege laufe, ist dieses ein Ritual, auf das ich nicht mehr verzichten möchte. In kaum einer anderen Situation kann ich das geniale Gemisch aus Hopfen, Malz, Hefe und Wasser derartig wertschätzen. Zuweilen läuft dieser Film als Fata Morgana bereits einige Kilometer vor der Beendigung einer Etappe ab. Wie ein himmlisches Geschenk steht der frisch ge-zapfte blonde Engel mit seinem kühlen Temperament jetzt vor mir.

Entspannung finde ich zudem beim Schreiben des Tagebuches und beim Lesen. Das Buch, das mich diesmal auf dem Camino beglei-tet, heißt „Schumanns Schatten" von Peter Härtling. Ich hatte mich durch eine Ankündigung in der Zeitung anregen lassen, in der dieses Buch über einen der größten Komponisten der Romantik als Vorlage für eine Theateraufführung beworben wurde. Schumanns aufregen-der Camino durch das Leben und der Kampf um seine große Liebe Clara Wiek sind mir noch gut in Erinnerung aus dem 1983 gedrehten Film „Frühlingssymphonie" von Peter Schamoni mit Herbert Gröne-meyer als Robert Schumann und Nastassja Kinski als Clara Wiek in den Hauptrollen. Ein Traumpaar!

Zum Abendessen erwecke ich Kerstin aus ihren Träumen. Bevor wir uns den kulinarischen Genüssen zuwenden, suchen wir die fußläufig wenige Minuten entfernte Herberge auf. Was wir zu sehen bekommen, ist ein zweckorientierter Bau mit sterilem Eingangsbereich und einem großem Schlafsaal mit eng gestellten Betten direkt neben dem Entree. „Completo", ruft uns der junge Mann an der Rezeption zu, als würde er uns damit in einen Schockzustand versetzen können. Ohne dass wir es aussprechen müssen, fühlen wir das Gleiche: Tauschen möchten wir mit den Glücklichen, die hier noch ein Bett bekommen haben, nicht. Wir laufen zum Ufer des Rio Ave herunter. Vor dem Sporthafen finden wir einige kleine Lokale, die landestypische Tapas anbieten. Diese Köstlichkeiten sind genau das, womit wir unseren ersten wunderbaren Camino-Tag am liebsten ausklingen lassen wollen.

Schlaftrunken verlasse ich das Bett und trete wie ein tapsiger Bär auf meine Brille, die bei einer ausfahrenden Bewegung in der Dunkelheit vom Nachttisch auf den Boden gefallen sein muss. Wilde Träume müssen das heute Nacht gewesen sein! Obwohl Kerstin sich bemüht, den verbogenen Bügel zu richten, wird er vermutlich nicht mehr lange halten. Dann werde ich eben als Agent getarnter Pilger mit geschliffenen Sonnenbrillengläsern am Kaffeetisch sitzen!

Zum Frühstück bittet man uns ins Souterrain des Hauses. Was heißt schon Souterrain? Ich assoziiere dieses Wort mit Begriffen wie Abstellkammer oder dunkle Höhle. Das Gegenteil ist der Fall. Wir treten in einen hellen, modern eingerichteten Raum mit hübsch gedeckten Tischen. Die komplett verglaste Wand im Hintergrund gibt den Blick in einen Garten frei, der mit farbenfrohen blühenden Pflanzen ausgestattet ist. Auch hier zeigt sich, mit welcher Leichtigkeit unsere Hausherren eine solche Begegnungsstätte mit Lust und Leben füllen können. In der Mitte des Raumes eine lange, mit weißen Rosen dekorierte Birkenholzablage voller frischer Delikatessen: Orangen, Kiwis, Melonen regen auf angenehme Art unsere Speichelproduktion an. Der flockige Mandelkuchen entstand mit Sicherheit aus Omas von Generation zu Generation weitergegebenem Erfolgsrezept. Bei der professionellen Zubereitung des mit allerlei Kräutern garnierten Omelettes dürfen wir zuschauen. Der Geruch von frisch abgezupftem Oregano und Basilikum runden das Festival der Sinne ab - kann ein Wandertag schöner beginnen?

Nach dem Frühstück begibt sich Kerstin noch einmal nach oben in unser Zimmer. Ich werde von der netten Senhora im Frühstücksraum an die Rezeption einen Stock höher zum Bezahlen gebeten. Durch eine Glastür treten wir in das Nachbarhaus, in dem sich die Kasse befindet. An dieser Stelle wird mir klar, warum das hier alles so hübsch aussieht. Unsere Hausherren sind Einrichtungsprofis. Der Raum, in dem ich mich gerade befinde, ist mit vielen Wohnaccessoires zum Verkauf ausgestattet. Nicht irgendein Nullachtfünfzehn-Stempel, sondern ein besonders kreativ gestaltetes Exemplar findet einen der letzten freien Plätze in meinem acht Jahre alten Credential. Meiner Liebsten sind die Stempel in ihrem Pilgerausweis sehr wichtig. Daher bitte ich die Senhora noch einen Moment zu warten, damit ich Kerstins Ausweis aus unserem Zimmer holen kann. Ich sprinte nach oben und wieder zurück nach unten. Den Rucksack bereits geschultert begeben wir uns in den Eingangsbereich, um das Haus zu verlassen. „Halt, Stopp!", ruft uns die Senhora zu. Sie drückt mir noch etwas in die Hand, das ich sicherlich sehr vermisst hätte: Mein Handy – ich hatte es im Frühstücksraum liegengelassen. Hier geht nichts verloren. Moito obrigado.

Nieselregen und Temperaturen um 20 Grad erwarten uns draußen. Für eine Wanderung über ca. 27 Kilometer nicht das schlechteste Wetter. Der Camino führt uns durch die Stadt in Richtung Atlantik. Unser erstes vorläufiges Ziel an der Küstenpromenade ist Parvoa de Varzim, ca. sieben Kilometer von Vila do Conde entfernt: Auf der linken Seite der Strandpromenade das Meer, auf der rechten Seite die Straße. Noch hält der Weg keinem Vergleich mit dem wunderbaren Lauf von gestern auf den Holzstegen stand. An einer Kreuzung fällt mir ein Hinweisschild nach Barcelos ins Auge. Von dieser Kreuzung aus führt eine ca. zehn Kilometer lange Querverbindung ins Landesinnere zum zentralen Camino Portugues nach Arcos. Ohne, dass ich es beeinflussen könnte, spult sich ein Film in meinem Kopf ab. Wie anders wäre mein Leben in den letzten acht Jahren wohl verlaufen, hätte es nicht diesen Moment in Barcelos gegeben? Die Stadt war Zwischenstation auf meiner zweiten Etappe von Rates nach Portela de Tamel. Eine SMS, die ich so sehr erhofft hatte, traf just in dem Moment ein, in dem ich meine Mittagspause an der runden Kirche Bom Jesu da Cruz hielt. Jetzt machte es Sinn, dass ich mir einen Prospekt der Stadt besorgt hatte. Darin ist die Legende vom gebratenen Hahn beschrieben, der dem Richter vom Teller springt und somit einem am Galgen hängenden Bürger vor dem Tode bewahrt - dieser Hahn, der später Symbol für ganz Portugal wurde. Warum hatte ich mir dieses Heftchen besorgt? Weil ich Kerstin damit überraschen wollte, wenn ich zurück von meiner Wanderung käme. Drei Tage zuvor hatte sie mir bei unserem Rendezvous in Bocholt erzählt, dass sie von ihren Reisen gerne die besonderen Geschichten einer Stadt mit nach Hause bringen würde. Die Eingebung, sie zu einem Kaffee einzuladen, war mir beim Joggen am Wochenende gekommen. An einem heißen Montagabend im August saßen wir uns zum ersten Mal außerhalb der Praxis im Garten des gut gefüllten Cafés gegenüber. Das Koffein ließ den Puls weiter in die Höhe schnellen. Schnell herrschte Einigkeit zwischen uns, die knisternde Stimmung mit einem Glas Weißwein aufzulockern. Da sich keine Abkühlung einstellen wollte, blieb es nicht bei einem Glas. Am Ende legte ich einen Zettel mit meiner Handynummer auf den Tisch. Jetzt also die erste SMS von ihr. Meine Pilgerreise bekam eine aufregend heitere Attitude ab diesem Moment.

Offensichtlich hatte ich die richtige Karteikarte gezogen. So jedenfalls sah die Vorstellung meiner Kaffee-Wein-Bekanntschaft aus, was meine Aktivitäten im Hinblick auf potenzielle Partnerschaften anging.

Ich versichere, dass solche oder ähnliche Handlungen niemals zu einem derartigen Zweck stattgefunden haben. Was mir geholfen hat, ist, dass mein Personengedächtnis im Gegensatz zu meinem Namensgedächtnis funktioniert. Dadurch fiel es mir nicht schwer, die sympathische Stimme am Telefon mit der positiv im Gedächtnis gebliebenen Person zu verknüpfen. Schnell wurde mir klar, dass Kerstins Sorge um ihre Tochter einer individuellen, einfühlsamen Beratung bedurfte. Diese Konsultation fand dann ausnahmsweise nicht in der Praxis, sondern im Café Sahne statt.

Zurück in die Gegenwart. Was wir aus der Ferne bereits erkennen können, ist nicht gerade eine Augenweide: Hohe Betonklötze, die wahrscheinlich als

Bettenburgen dienen. Parvim scheint ein aus dem Boden gestampfter Touristen-Hotspot zu sein. Beschäftigt man sich mit der Geschichte der Stadt, so erfährt man, dass die Strände von Parvim bereits im 19. Jahrhundert gerne von den Menschen in der Umgebung zur Erholung besucht wurden. Die Bausünden sind deutlich späteren Datums. Das Casino, an dem wir gerade vorbeilaufen, soll dem Ort scheinbar eine gewisse Noblesse verleihen. In der Nähe des dahinter liegenden Hafens sehen wir eine Wand mit maritimen Motiven aus Azulejos, die die Geschichte der Bewohner in Verbindung mit dem Meer darstellen: Fischer mit ihrer Beute in riesigen Fangnetzen, von der Arbeit gezeichnete Frauen, die den Fisch zum Verkauf anbieten, einen Esstisch, um den sich junge und ältere Menschen versammeln, etc. Wir nehmen uns Muße, die Gemälde zu betrachten und versetzen uns gedanklich in die Welt des 19. Jahrhunderts.

Es wird Zeit für eine Pause. In einem Strandcafé genehmigen wir uns unseren ersten Café com Leite. Von hier aus haben wir eine ideale Aussicht auf das Geschehen um uns herum: Etliche Gruppen von Kindern werden am Strand aus Bussen ausgespuckt. Ein schönes Bild voller Lebensfreude wie die Kleinen, - kaum haben sie den Bus verlassen - sich wild und fröhlich im Sand austoben.

Kerstin und ich haben uns gerade nach dem Kaffeegenuss wieder in Gang gesetzt, da ertönt mein Mobiltelefon. Es hat einen besonderen Grund, warum ich es heute nicht ausgestellt habe. Die Stationsärztin meines vier Jahre jüngeren Bruders Micha will mich anrufen, um mir das Ergebnis des MRTs sowie das weitere geplante Vorgehen zu besprechen. Micha konnte vor einigen Wochen plötzlich nicht mehr

laufen. Eine Autoimmunerkrankung war die Ursache. Infusionen mit Immunglobulinen führten zu einer Besserung. Offensichtlich gibt es aber noch eine andere Baustelle, die ohne kausalen Zusammenhang mit dem immunologischen Syndrom ist. Die MRT–Bilder zeigen einen ausgedehnten Bandscheibenprolaps. Eine OP scheint unausweichlich, um Micha wieder auf die Beine zu bringen. Ich versichere der Kollegin, dass ich meinen Bruder von der Notwendigkeit überzeugen werde.

Wir verlassen die touristischen Gefilde und wandern entlang eines einsamen, nicht bebauten Küstenabschnitts, immer noch auf Holzstegen. Nach drei, vier Kilometern müssen wir an einem Kiosk, vor dem leere rote Plastikstühle und Tische auf Gäste warten, Abschied vom Meer nehmen. Holzpfeile weisen in die unterschiedlichsten Richtungen der Erde: Santiago de Compostela 212 km, Paris 1.583 km, Bali 13.412 km. Auf einer nicht wenig befahrenen Straße ohne Fußgängerweg geht es weiter. Rechts und links der Straße blicken wir auf Gemüsefelder und Gewächshäuser. Es wird immer mühsamer. Das Kopfsteinpflaster malträtiert meine Füße, als würde ein böser Geist mit dem Hammer von unten draufhauen. Gestern noch dachte ich, Abwechslung erleichtert den Weg. Heute sehe ich das anders. Ich will wieder Holzplanken! Mein Flehen nutzt nichts. Was ich jetzt noch nicht weiß: Heute kommen keine mehr. Kerstin fragt nach einer Schmerztablette. Jeder Schritt tut in der Hüfte weh. Ihr Gang - von hinten betrachtet - lässt es erahnen.

Mein Bruder Micha kommt mir in den Sinn. Er wäre froh, wenn er einen Fuß vor den anderen setzen könnte. Mein Gott, was sind wir nur für Jammerlappen!

Ein Café käme jetzt nicht ungelegen. Hätten wir doch vorher die Chance wahrgenommen, etwa an der Stelle, an der wir dem greisen Portugiesen aus Toronto begegnet sind, der wie jeden Sommer seine alte Heimat am Meer besucht! Das Café beim Campingplatz kommt nicht infrage, da es 500 Meter Umweg bedeuten würde. Andererseits... auch das ist Stöhnen auf hohem Niveau. Auf der Via de la Plata gibt es Streckenabschnitte, auf denen über 20 km und mehr kein Geschäft, geschweige denn ein Café zu finden ist.

An der Kirche von Apulia legt sich Kerstin auf ein Mäuerchen. Ich mache mich auf die Suche nach einer Bar. Anfragen ergeben, dass es rechts und links an der Kreuzung jeweils in ca. 300 Meter Entfernung eine Bar oder ein Café gäbe. Die Option kommt ebenfalls nicht durch die Zensur. „Nein keine Umwege, definitiv!!" lässt meine Partnerin und neue Pilgerfreundin mit ihrer Aussage nichts an Klarheit vermissen.

Mit einer Tablette Ibuprofen kann Kerstin die Hüftschmerzen etwas besser ertragen. Für eine Weile nehme ich ihren Rucksack, als sie mal in die Büsche muss. „Lauf schon mal vor!", ruft sie mir zu. Ich lege einen solchen Schritt vor, dass sie mich auch ohne Rucksack kaum mehr einholen könnte. „Männliches Beklopptheitsgen" nennt Kerstin so etwas. Den Vorgang einigermaßen reflektiert betrachtet, hat sie recht. Testosteron gesteuert wollte ich ihr mal zeigen, was ich zu fortgeschrittener Camino-Stunde noch so konditionell draufhabe.

Wir passieren das winzige Zentrum des Ortes Fao, das mit seinen kleinen Geschäften und hübschen Cafés ein sehr relaxtes Idyll zu sein

scheint. Drei Kilometer vor der gebuchten Unterkunft hält uns jedoch nichts mehr. Wir wollen das Finale für heute und das heißt bezeichnenderweise Esposende. Über die Brücke am Ende des Ortes überqueren wir den Rio Cavado, um an dessen Ufer noch einige hundert

Meter entlang zu laufen, bis wir schließlich das Ortseingangsschild von Esposende erblicken. Während sich der Himmel überwiegend bedeckt während unserer heutigen Wanderung präsentierte, werden wir hier mit freundlichem Sonnenschein empfangen. Ebenso freundlich und sympathisch ist die Begrüßung an der Rezeption unserer Herberge, die sich in einem kleinen Reihenhaus befindet. Ja, tatsächlich handelt es sich bei dem vorgebuchten Hostal Eleven um eine private Herberge mit zwei Mehrbettzimmern und einigen wenigen Doppelzimmern, von denen wir eines haben ergattern können. Beim Abstempeln unserer Pilgerausweise an der Empfangstheke sagt der sympathische junge Hospitaliero, er habe noch nie ein solches Credential gesehen, wie das, welches ich ihm vorlege. Möglich ist es, schließlich hat mein Pilgerausweis bereits acht Jahre auf dem Buckel.

Das Doppelzimmer, das wir beziehen, zeichnet sich durch ein außergewöhnlich kultiges Flair mit eingemauerten Findlingen in der Wand aus. Der Blick aus dem Fenster weist auf einen kleinen Innenhof, in dem eine Metalltreppe zu einem weiteren Zimmer führt. Am Rande der Stufen stehen verschlissene Wanderstiefel, aus denen Kakteen herauswachsen. Nur ein winziges Detail, aber ein klares Signal: Hier sind wir herzlich willkommen als Pilger.

Es folgt das eingeübte Procedere: Kerstin legt ihre müden Gliedmaßen auf dem breiten Bett ab, ich erkunde das aufgeräumte, saubere Zentrum dieses netten Ortes, das um die Siestazeit wie die meisten kleineren Ortschaften auf der iberischen Halbinsel ausgestorben wirkt. Ganz in der Nähe des Hostal Eleven finde ich eine Bar, vor der ich mir einsam mein Ankunftsbier schmecken lasse. Dann schließt auch diese für die nächsten Stunden. Es wäre ein geeigneter Ort für ein Pilgermenü heute Abend. Das jedenfalls steht auf einer Tafel davor angepriesen.

Scheinbar gibt es in einer immer wiederkehrenden Abfolge an jedem Tag ein bestimmtes Menü. Als ich genauer hinschaue, hat sich das Thema erledigt. Heute ist Montag, da steht Trippa auf dem Speiseplan. Nein danke! Bei dem Gedanken an Kutteln schüttelt es mich. Schon während meines Studiums in Italien habe ich einen großen Bogen um diese angebliche Spezialität gemacht.

Wir nehmen unsere Abendmahlzeit stattdessen in einem Lokal an der Promenade des Rio Cavado ein. Die Abendsonne versinkt an der Einmündung des Flusses ins Meer. Es weht ein frischer Wind. Den vielen Kitesurfern, die sich hier mit ihren bunten Segeln tummeln, wird es recht sein. Für uns jedenfalls ein hübscher Ausblick von unserem Tisch aus. Bei einem Vinho verde und einem Tapasteller mit einer ortstypischen Wurstspezialität lassen wir den Tag ausklingen.

Bom Noite!

Nun ist es passiert: Der Arm ist ab. Auch mit einer einarmigen Brille werde ich nicht gleich vor einen Baum laufen. So schief, wie das Gestell auf meiner Nase sitzt, sehe ich halt nur ein bisschen beknackt aus - vielleicht aber noch besser als mit einer Sonnenbrille in einem dunklen Raum. Mir soll es egal sein, schließlich laufen wir hier inkognito durch den portugiesischen Norden.

Unser Frühstück besteht aus einem Marmeladenbrötchen und einem etwas mauen Kaffee in einem freundlichen Raum, in dem sich außer uns nur ein junger Bediensteter befindet. Die meisten Pilger scheinen schon wieder unterwegs zu sein, getreu dem Motto: Der frühe Vogel fängt den Wurm. Sollen sie ihn doch fangen, den Wurm! Wir lassen es locker angehen. Nun, man könnte meinen, unsere Gelassenheit hinge mit der Vorbuchung von Unterkünften zusammen. Ein wenig vielleicht. Auf meinen Alleingängen, bei denen ich nichts vorgebucht hatte, war

ich allerdings auch häufig einer der letzten, oder gar der Letzte, der die Herberge verlassen hat.

An der Eingangsfront unserer Unterkunft können wir den Jakobsweg, der noch vor uns liegt und den, den wir schon hinter uns haben, mit den einzelnen Etappen auf einer an der Hauswand angebrachten Emailletafel verfolgen. Nach kurzer Orientierung geht es durch die noch menschenleere Stadt erneut zum Fluss Cavado, an dessen Promenade wir entlang in Richtung Meer laufen. Kurz hinter der Festung Sao Jao Baptista und

noch vor Betreten der Praia Suave Mar, einer hübschen Dünenlandschaft, suchen wir ein Café auf, das sich in einem umfunktionierten
Campingwagen befindet. Mit einem doppelten Espresso bringen wir
nachträglich unseren Kreislauf für die anstehende Etappe in Schwung.
Ich liebe starken Kaffee und nicht diesen labbrigen deutschen Filter-
kaffee. Der portugiesische Kaffee aus der Espressomaschine ist unschlagbar. Sein Aroma übertrifft nicht nur den spanischen, sondern
auch den italienischen. Und das soll etwas heißen. Bisher war ich
immer der Meinung, dass man nirgendwo auf der Welt einen besseren
Espresso als in Italien bekäme.

Die Portugiesen scheinen große Fans von Holzstegen zu sein. Auch
hier in der Dünenlandschaft haben sie sie verlegt. Wie gestern und
vorgestern läuft es sich sehr angenehm darauf. Irgendwann münden
die Dünen in Feldwege und von da aus auf eine asphaltierte und nicht
wenig frequentierte Straße, die uns nach Marinhas führt. Hinter Marinhas dürfen wir zum Glück rechts abbiegen und auf einer ruhigen
Seitenstraße zur Igreja de Belinho laufen. Wir statten der kleinen Kirche mit ihrer hübschen Holzdecke einen kurzen Besuch ab und setzen
unseren Weg auf einem schmalen gepflasterten Pfad fort. Auf der
Hochterrasse eines Cafés am Wegesrand nutzen wir die Gelegenheit,
unsere Schuhe abzulegen und unsere Socken zu belüften. Dies ist
ohne Auslösung eines Gasalarms möglich, da wir außer einem kleinen
Kätzchen die Einzigen sind, die sich gerade auf dieser Terrasse aufhalten. Kerstin zeigt mir ihre Füße. Sie sind gerötet, geschwollen und
jucken scheinbar fürchterlich.

Vor uns läuft ein junges Pärchen, das uns schon vor einer Stunde

aufgefallen war. Genauer gesagt,
hat die junge schlanke Frau mit
den brünetten Haaren die Auf-
merksamkeit auf uns gezogen. Sie
trägt Zehenschuhe aus Gummi.
„Wie kannst du damit laufen?",
fragt Kerstin. „Am Anfang etwas
gewöhnungsbedürftig, jetzt möchte ich sie nicht mehr missen", antwortet sie freundlich zugewandt.

Allerdings hat sie ihre Begeisterung nicht auf ihren Freund übertragen können. Er bevorzugt immer noch konventionelle Adidas-Turnschuhe. Es entwickelt sich eine angeregte Unterhaltung zwischen uns und den beiden, die etwa Mitte Zwanzig sein dürften. Anne kommt aus der Nähe von Erfurt und hat kürzlich ihren Bachelor in Werkzeugwesen gemacht. Unglaublich, was man heute so alles studieren kann. Vor einigen Wochen hat sie ihre erste Stelle in Koblenz angetreten. Stefan ist Doktorand für angewandte Physik an einer kleineren Uni in Thüringen. Eigentlich kommt er aus Westdeutschland. In einem Gartencafé malt er ein Gelenk auf eine Serviette, damit wir eine Vorstellung davon haben, in welche Richtungen seine Forschungen gehen. Scheint interessant zu sein, ist aber nicht so mein Thema.

Nach zwei, drei Kilometern Landstraße werden wir auf einen Forstweg geführt, der in einen Kiefernwald mündet. Auf und ab laufen wir entlang dem Flüsschen Neiva und klettern über schmale, teilweise unbefestigte Pfade durch das Gestrüpp: Ein Abenteuercamino, wie ich ihn hier und da auf der Via de la Plata oder auf dem Camino del Norte kennen lernen durfte...und eine attraktive, durchaus willkommene Abwechslung zum Meer. Ein Granitsteg führt uns auf die andere Seite des Rio Neiva. „Ist das nicht ein geeigneter Platz, um ein Foto zu machen?", fragt Kerstin. Sie gibt Stefan ihr Handy und bittet ihn, einmal abzudrücken, nachdem wir uns in der Mitte des Steges postiert haben.

Bei der Rückgabe des Handys kommt Stefan ins Schlingern. Er versucht sich mit korrigierenden Bewegungen ins Gleichgewicht zu manövrieren und öffnet dabei reflexartig seine Hände. Das Mobiltelefon

sinkt der Schwerkraft folgend in Richtung Flüsschen. Ade geliebtes Handy! Wie er es macht, kann ich nicht beschreiben, weil ich es genauso wenig erfassen kann wie einen nicht nachvollziehbaren Zaubertrick. Aber er schafft es: Mit einer unglaublichen athletischen Fitness gelingt es dem Teufelskerl ähnlich einem Krokodil, das mit seinem Riesenmaul zuschnappt, das Handy mit seinen Pranken einzufangen, ohne in den Fluss zu stürzen. Freudestrahlend und mit stolz geschwellter Brust überreicht er es meiner Partnerin. Kerstin kommentiert seinen Triumph mit einem spitzen Schrei der Freude und Genugtuung.

Hinter dem Steg versteckt sich in einer kleinen Senke eine Herberge. Welch traumhafter Platz für eine Übernachtung mitten in der Natur! Vielleicht beim nächsten Mal! Wir wandern weiter, bald auch wieder auf gepflasterten Wegen bis zur Igreja de Santiago, die eine der ältesten Jakobuskirchen auf der iberischen Halbinsel sein soll. Anders, als so häufig in Spanien, ist die kleine Kirche geöffnet, so dass wir sie besichtigen können. Auf einer Inschrift ist ihr angebliches Erbauungsjahr 826 angegeben. Nur einige Jahre zuvor – wahrscheinlich 813 - wurden der Legende nach von dem Eremiten Pelagius die Gebeine des Heiligen Jakobus auf dem Campo de Estrela, also dem Sternenfeld, entdeckt.

Steil ab geht es durch einen Eukalyptuswald, dann an dem Monasteiro de Sao Romao de Neiva über Landwege vorbei bis wir schließlich nach einer letzten Steigung am Ufer des Rio Lima ankommen, von wo die Eiffelbrücke zu unserem heutigen Ziel Viano do Castelo

führt. Jetzt spüren wir, dass wir mit der zunehmenden Hitze und dem ständigen Auf und Ab einigermaßen platt sind. Durch die angeregten Gespräche mit unseren jungen Begleitern in wechselnder Konstellation hatten wir es vorher gar nicht wahrgenommen. Es hat sich einfach ergeben - so, wie ich es bei meinen bisherigen Caminos immer wieder erlebt habe: Man erkennt, dass man das gleiche Ziel hat, läuft eine Weile miteinander, tauscht sich aus und wenn die Gedanken und Erfahrungen in den Gesprächen stimmig sind, kann die gemeinsame Zeit auch länger dauern, manchmal gar mehrere Tage. Zuweilen entwickeln sich gar Freundschaften aus den Begegnungen: So erging es mir auf der Via de la Plata mit John aus Melbourne. Ein Jahr nach unserer Wanderung von Requejo nach Ourense hatte er in Down Under Besuch von meiner Praxismitarbeiterin Mandy und ein weiteres Jahr später von meiner Tochter Lara. Seinerseits stattete er uns vor zwei Jahren mit seiner Frau Joan in Bocholt eine Visite ab. Oder mit Jakob aus 's-Hertogenbosch, mit dem ich 2018 eine Woche auf dem Camino del Norte bis Bilbao gepilgert bin und den ich ein halbes Jahr später auf der Nordseeinsel Langeoog wieder getroffen habe. Der Camino schreibt seine Geschichten: Im vergangenen Jahr hatte ich meinem Bruder Stefan die Wanderung von Ourense nach Santiago mit seiner Tochter Carlotta empfohlen, also die letzten 130 Kilometer der Via de la Plata. Der sizilianische Besitzer des kleinen Restaurants in Cea konnte sich noch gut an Lara und mich erinnern. Er wusste sogar teilweise noch, was wir gegessen hatten! Ebenso die nette Senora aus Ponte Ulla, die uns so wunderbar mit Zutaten aus dem eigenen Garten bekocht hatte. Leider war mein Buch von unserer Wanderung 2016, das ich ihr geschickt hatte, nie angekommen.

Für Anne und Stefan wird der Jakobsweg morgen zunächst einmal beendet sein. Ihr Ziel ist der Parque Nacional Peneda-Geres, östlich von Viana do Castello. Doch noch sind wir vier vereint und schicken uns an, den Fluss Lima über die Eiffelbrücke zu überqueren. Die 600 Meter zum anderen Ufer nach Viana do Castelo ziehen sich und sind alles andere, als ein Vergnügen. Nur ein sehr schmaler Fußgängerweg, der es uns lediglich erlaubt hintereinander zu laufen, führt ganz dicht neben den Autoschlangen mit ihren stinkenden Abgasen hinüber. Auf der anderen Seite angekommen trennen sich unsere Wege. Anne und Stefan su-

chen die Herberge auf, wir unser kleines vorgebuchtes Hotel im Zentrum.

Der Empfang in unserer Unterkunft ist wieder einmal sehr herzlich. Das Zimmer ist klein, zweckmäßig und sauber. Kerstin und ich ruhen uns eine Stunde aus und erkunden dann gemeinsam die hübsche, weitgehend verkehrsberuhigte Altstadt. Von dem freundlichen Herrn an der Rezeption erhalten wir noch ein paar wertvolle Tipps.

Unser allererstes Ziel ist eine Apotheke. Kerstins Kontaktekzeme an den Füßen und Unterschenkeln jucken fürchterlich. Ich nehme den Auftrag, eine geeignete Salbe zu besorgen, endlich ernst. Meine Frage nach einer Cortisonsalbe führt zu ausschweifenden Erklärungen der Apothekerin: Dass man damit sehr vorsichtig sein müsse und sie nur maximal sieben Tage auftragen dürfe, dass sie nur für extrem schwere Fälle empfohlen werde und dass etliche Nebenwirkungen zu bedenken seien. Die höfliche, aber bestimmend auftretende Dame hinter dem Tresen dreht und windet sich, als wolle ich eine hochrisikohafte, nicht zugelassene Studie durchführen. Die Alternative sei Bepanthensalbe, die sie mir freundlich lächelnd offeriert. Mir wird es zu bunt. Eines ist sicher - damit werde ich bei Kerstin keinen Blumentopf gewinnen können. Die Aussichten auf Linderung oder Beseitigung der Beschwerden gehen gegen Null. Es ist offensichtlich, dass ich zum Äußersten schreiten muss: Ich lege meinen Arztausweis vor, da ich davon ausgehe, dass wie bei uns auch in Portugal Cortisonpräparate rezeptpflichtig sind. Die Apothekerin bestätigt meine Vermutung. Nachdem ich ihr den Namen eines gewünschten Produktes genannt habe, holt sie es fix aus einer Schublade des hinter ihr stehenden Regals.

Ich traue meinen Augen nicht: Sie überreicht mir eine Riesentube, mit der man einen mittelgroßen afrikanischen Elefanten inklusive seiner Ohren von oben bis unten einreiben könnte. Die ganze Tube für gerade mal fünf Euro!

Wir laufen zur Praca da Republica, dem kleinen, aber sehr stimmig angelegten Herz der Stadt mit dem Rathaus aus dem 16. Jahrhundert, dem Brunnen und weiteren Gebäuden aus der Renaissancezeit. Dahinter steht die Kathedrale. Vor einem Schnellimbiss sehen wir alte Bekannte sitzen: Anne und Stefan, die sich die redlich verdiente Belohnung für ihre Energieleistung einverleiben. Sie haben nach unserer gemeinsamen Ankunft in Viana do Castelo noch den 160 Meter hohen Monte de Santa Luzia über die Treppen bestiegen, obwohl es auch einen Aufzug, den Elevador de Santa Luzia, zum Gipfel hin gibt. Sie schwärmen von der tollen Aussicht auf die Stadt und die Landschaft im Hintergrund, durch die wir heute gewandert sind.

Wir folgen der Empfehlung des Rezeptionisten und suchen zum Abendessen nahe dem Limaufer das Fischrestaurant „Maria" auf. Der Mann scheint sich auszukennen. Unsere Erwartungen werden mehr als erfüllt.

Um kurz vor acht sind wir auf den Beinen. Die Sonne klettert hinter den Häuserfronten empor. Es weht ein frischer Wind. Der kann nicht schaden, denn die Königsetappe steht auf der Tagesordnung. Es dauert nicht lange, dann sind wir heraus aus der Stadt und dürfen erneut mit Blick auf den Atlantik zur linken Seite an der Promenade entlanglaufen. Ein „magical morning" mit einer wunderbaren Aufbruchstimmung führt uns in einen spannenden neuen Tag mit einigen Überraschungen...

Immer wieder gibt es Unerwartetes zu entdecken: Inmitten der auf schwarzen Steinen auslaufenden Wellen findet sich ein Meeresschwimmbecken. Hier und da sieht man einen Angler in Gummiausrüstung in der Hoffnung auf einen frühen Fang. Ein bemaltes Steinensemble, aus dem ein freundliches Gesicht zu erkennen ist, lacht uns vom Meer aus entgegen.

Nach zweieinhalb Stunden genehmigen wir uns in einem Strandcafé in Praia de Paco den ersten Café com Leite vor den Dünen. Am Nachbartisch sitzt ein junges Paar, beide Anfang Zwanzig, ihre Rucksäcke an den Tischbeinen angelehnt. Ein freundliches Buen Camino wechselt von Tisch zu Tisch. So richtig einschätzen kann ich die beiden hinsichtlich ihrer Herkunft nicht. Ich fange einige englische Brocken auf, dann nehme ich etwas Spanisches auf und schließlich mischen sich scheinbar auch slawische Vokabeln unter das Sprachgemisch. Was wir jetzt noch nicht wissen: Wir werden Ihnen zu fortgeschrittener Stunde noch einmal in einer sehr speziellen Aktion begegnen.

Eine Deutsch sprechende Frau an der Praia de Afife fragt uns, wo wir mit unseren Rucksäcken hin wollen. Sie ist begeistert von dem was wir tun und würde sich am liebsten anschließen. Sie, ihr Mann und ihre

Kinder, berichtet die Frau, würden in der Nähe campen. Während sie selbst Bewegung brauche, sei ihre Familie eher statisch veranlagt. Jeden Morgen laufe sie allein hierhin. Ich meine, etwas Sehnsüchtiges in ihren Augen erkennen zu können und gehe fest davon aus, dass sie im nächsten Jahr mit ihrem eigenen Rucksack auf unseren Spuren wandern wird.

In Praia do Forte beginnt noch einmal eine Strecke über einen Holzsteg. „Wegen Konstruktion geschlossen" steht auf einem Schild neben dem roten Banner, das den Weg absperrt. Die Alternative wäre die Straße – nicht gerade verlockend! Wir zögern nur kurz, bis ein alter Portugiese mit einer Schlägermütze auf der anderen Straßenseite uns Mut macht. Mit einer eindeutigen Handbewegung fordert er uns auf, den Holzsteg zu benutzen. Genau solch ein Signal haben wir gebraucht. Es dauert nicht lange, bis uns klar wird, warum wir hier nicht hergehen sollten. Immer wieder müssen wir um eingebrochene Planken herum balancieren. Der Steg endet an einem wüstenähnlichen breiten Sandstrand von Vila Praia da Ancora. Erinnerungen werden wach. Ich sehe Carlo, wie er seine ersten Stehversuche mit dem Waveboard auf dem Wasser macht. Vor über zehn Jahren hatten wir einen Vater-Sohn Urlaub hier und in Caminha verbracht. Während Carlo mit den Wellen kämpfte, unternahm ich mit Gleichgesinnten Mountainbike-Touren in der Umgebung.

Es macht wenig Sinn, mit Schuhen durch den Sand zu stampfen. Schnell entledigen wir uns unserer Socken und Wanderstiefel, um zu spüren, wie der Sand zwischen unseren Zehen rieselt. Herrlich! Am Ende der Wüstendurchquerung wartet ein Mäuerchen, auf dem wir Knochen und Muskeln ein paar Minuten Ruhepause gönnen und dabei schweigend und mit geschlossenen Augen die wärmenden Strahlen der Sonne aufnehmen.

Aus Vila Praia de Ancora heraus dürfen wir erneut bis ein paar Kilometer vor Caminha auf sandigem Boden am Atlantik entlang laufen. Spanien naht. In der Ferne sehen wir bereits den kegelförmigen Monte de Santa Tegra bei La Guarda. Was heißt „bereits"? Dort genau wollen wir heute noch ankommen. Und das sieht verdammt weit aus! Die Mittagssonne knallt, unsere Beine werden schwer. Unter einer Bahnunterführung hindurch gelangen wir auf die Straße. Bis wir im Zentrum von Caminha sind, wird es noch ein Weilchen dauern. Ich kann es gut abschätzen, da gleich die Clubstation auftauchen wird, in der Carlo und ich damals gewohnt haben.

Meine Idee: Wir versuchen einfach mal dort hineinzugehen und einen Café zu bestellen. Es klappt: Wir bekommen unser Doping, das wir uns, wie damals das Bier, draußen vor dem Pool einverleiben. Neben uns sitzt ein Typ, der unsere Sprache spricht. Nicht einfach nur Deutsch. Nein, er spricht Kohlenpott-Slang. Sein Tonfall klingt nach Heimat – datt Nachmittagspilsken scheint zu schmecken. Wer weiß, vielleicht ist es auch das zweite oder dritte. Egal – sein Bier. Der Mann kommt aus Dortmund. „Dann habt ihr euch ja nicht viel zu sagen", werfe ich ein. Kerstin stammt aus Gelsenkirchen. „Königsblau interessiert mich nicht", sagt er „Mein Verein spielt anne Castroper Straße, wenne weiß, watt datt heißt!" Allerdings! Der Mann wird mir immer sympathischer. Wir stoßen auf den VfL an. Er mit Pils, ich mit Kaffee. Und auf den Aufstieg in die erste Liga. „Zweitausenddreißig?" wirft Kerstin hämisch grinsend in die Runde. Eine Frechheit!

Es wird Zeit zu gehen. Am Bahndamm entlang führt der Weg nach Caminha. Das Licht des fortgeschrittenen Tages verleiht dem hübschen Platz im belebten Zentrum eine besondere Stimmung. Wie vor etlichen Jahren, als ich mit Carlo hier war, herrscht eine friedliche, entspannte Atmosphäre. Alles wirkt vertraut. Viel verändert hat sich seitdem nicht. Ich entdecke meine Pension „Pensao Residential", in der ich nach meinem ersten Jakobsweg in Portugal 2011 hier an dieser Stelle meine Reise habe ausklingen lassen.

Es gab Zeiten, da war die Stimmung nicht so friedlich wie heute. Über Jahrhunderte kam es zu Grenzstreitigkeiten mit Spanien. 1809 wurde der Angriff der Franzosen während der napoleonischen Kriege erfolgreich abgewehrt.

Einen Stempel für unseren Pilgerausweis bekommen wir nicht in der Igreja da Misericordia am

Zentralplatz. Man schickt uns die Straße herunter zur Igreja Matritz. Im Seitenschiff sitzt an einem kleinen Tisch ein Mitarbeiter, der scheinbar nichts anderes macht, als zu stempeln.

Allmählich müssen wir uns sputen, damit wir das Fährschiff von Caminha nach A Guarda nicht verpassen. Dreißig Kilometer haben wir in den Knochen. Wir sind erschöpft und froh, dass wir nur noch mit der Fähre nach Spanien übersetzen müssen und dann unmittelbar am Anleger unsere vorgebuchte Unterkunft, ein zum Hotel umfunktioniertes Convent, beziehen können.

Am Hafen angekommen erklärt man uns, dass die Fähre nicht mehr funktionstüchtig sei und somit keine Überfahrt mehr stattfinden könne. Ich halte es für einen schlechten Scherz und frage besser noch einmal in dem kleinen Geschäft direkt gegenüber dem Kartenhäuschen nach. Auch hier: Kopfschütteln. Die Fähre sei kaputt. Neben uns steht das Pärchen, das

wir heute Morgen am Strand kurz begrüßt hatten. Er ist Spanier, sie Russin, studiert in Madrid. Auch sie wollen rüber nach A Guarda.

Wo können wir bleiben? Der fünfzig Kilometer lange Umweg mittels einer Brücke über den Minho nach Spanien ist keine echte Option. In der Hochsaison jetzt noch ein Zimmer in Caminha zu ergattern, erscheint mehr als unwahrscheinlich. Oder gewährt uns vielleicht mein neuer Freund aus Dortmund Asyl?

Bevor wir die Lage zu Ende diskutieren, werde ich von einem Türsteher angesprochen. Präziser gesagt: Zwei Türsteher in einer Person. „Mi nombre es Gonzales", sagt er mit sonorer Stimme. Erst einige Minuten später werden wir erfahren, dass es nur die Kurzform seines Namens ist. Er bietet an, uns für zehn Euro pro Person mit seinem Boot an das andere Ufer des Minho zu bringen. Ich bin geblendet, kann seine Flügel nicht erkennen. Mein Bild von einem Engel sieht freilich etwas anders aus. Gerne bin ich bereit, es zu korrigieren. Ohne lange zu überlegen, nehmen wir sein Angebot an und begeben uns um die Ecke zu seinem Boot. Wie einst Popeye, der Seemann, bekommt Gonzales seine Arme vor lauter Muskeln nicht mehr an seinen Körper. Ich kann mich nicht erinnern, solch einem Muskelpaket jemals begegnet zu sein. Das Boot sieht abenteuerlich aus. No Risk No Fun.

„Teneis miedo?" fragt Gonzales. Wir schauen uns verdutzt an. Wenn er schon so direkt fragt, wird es wohl einen guten Grund geben, sich zu fürchten. Nein, wir bräuchten keine Angst zu haben, meint er. In seinem Boot seien wir sicherer als in einem Auto. Galant reicht er den Damen seine Hand, um sie in den rostigen Kahn zu geleiten. Erst danach kommen wir Männer dran. Der Mann hat Stil. Bevor er den Motor anwirft, bittet er uns, die Rucksäcke gut zu verstauen und uns Halt zu suchen. Dann geht´s los. Ohne dass Ganzales ein weiteres Wort mit uns wechselt, wird allen, die im Boot sitzen an dieser Stelle klar: Sein kompletter Name lautet Spee-dy Gonzales. Den Bug gen Himmel gerichtet braust er mit einem Affentempo über den Minho, als würde er von der Hafenpolizei verfolgt. Mit einem Arm kralle ich mich an der Bank fest, mit der anderen versuche ich meine Kopfbedeckung im Zaum zu halten. In drei Minuten sind wir auf der spanischen Seite. Mit der Fähre hätte es fünf Mal so lange gedauert. Trotzdem zeigt die Uhr an der Anlegestelle eine Stunde später an. In La Guarda ist es bereits 17.30 Uhr.

„Mucha suerte y buen camino!" Gonzales ist schon fast wieder in

Portugal, das junge Paar schnell verschwunden. Drei ältere Damen sitzen auf einer Bank am Kai. Sie werden wissen, wie wir am schnellsten zum Convent kommen. Eigentlich ist es egal, meinen sie, ob wir links oder rechts den Berg hochlaufen. Beides würde eine gute Stunde dauern. Wie bitte? Das brauche ich jetzt wie Herpes. Entweder waren die Angaben auf der Website falsch oder ich habe sie nicht verstanden. Vor allem aber: Wie soll ich das Kerstin erklären? Ich kann mich noch gut erinnern, wie wir uns damals hier mit den Mountainbikes nach A Guarda hochgequält haben. Wer es schaffen würde, ohne abzusteigen an der Spitze des Monte Santa Trega anzukommen, hatte gewonnen! Der Monte Santa Trega liegt noch über der Stadt. Er ist der Kegel, den wir schon von weitem vor einigen Stunden in Portugal gesehen haben und der berühmt geworden ist durch eine aus über 1.000 Rundhütten bestehende keltische Siedlung, die hier 1913 entdeckt wurde.

Wir nehmen die rechte offizielle Jakobswegseite. Kerstins Begeisterung hält sich in Grenzen. Zum Glück ahnt sie noch nicht, was ihr bevorsteht. Die Schönheit des Weges durch ein Wäldchen nehmen wir kaum mehr wahr, da wir mehr mit uns selbst und den Steigungen zu tun haben. Nach einer dreiviertel Stunde erreichen wir die Einfahrtsstraße nach A Guarda. Bis zum Convent sind es noch gut zwei Kilometer über Asphalt. Immer wieder vergewissern wir uns bei Fußgängern, ob wir richtig sind und immer wieder erhalten wir ähnliche Antworten: Weiter geradeaus, dann seien wir bald da. Um 19.00 Uhr ist es so weit. Völlig erschöpft werfen wir unsere Rucksäcke vor unserem heutigen Ziel ab. Das Convento di San Benito liegt direkt am Hafen. Ein Frühstück können wir zwar nicht mehr nachordern, aber in unserem Zimmer mit Himmelbett und antiken Möbeln fühlen wir uns wie Königskinder: Eine, wie uns scheint, angemessene Belohnung für vorausgegangene Qualen.

In der Tapasbar gegenüber dem Convent sind noch genau zwei Plätze frei im Garten. Wandern macht hungrig. Es fällt schwer, uns zu bremsen, aus einer Vielzahl der Angebote nicht gleich alles zu bestellen. Wir beschränken uns auf Ensalada russa, flambierte Chorizowurst, Mies-

muscheln, Croquettes und Huevos revueltos mit Krabben: Alles sehr delikat und zu einem fairen Preis. Mit seinen schwarzen Löckchen, die an den Schläfen herunterhängen, weckt unser Kellner Erinnerungen an Boy George. An seinen grazilen, gekünstelten Bewegungen und dem samtigen Timbre seiner Stimme hätte mein Friseur große Freude. Wir sind zufrieden mit seinem zuvorkommenden Service und den Tapas, die er uns empfohlen hat.

Gerade noch bevor der Laden schließt, statten wir uns mit einer guten Flasche Rioja aus dem Supermarkt aus und führen den Inhalt in unserem komfortablen Gemach seiner Bestimmung zu. Mit dem Prospekt vom Camino Espiritual, den Kerstin an der Rezeption gefunden hat, malen wir uns die Fortsetzung unseres Weges im nächsten Jahr bis nach Santiago aus. Nachdem der Camino da Costa hinter Vigo in Redondela auf den Hauptweg getroffen ist, zweigt die spirituelle Variante hinter Pontevedra ab, um in drei Etappen Padron zu erreichen. Die letzte dieser drei Etappen wird der Legende entsprechend auf einem Boot verbracht, das zunächst durch die Ria von Vigo und dann weiter über den Fluss Sar nach Padron gelangt.

Die Augen fallen zu. Das Fenster weit geöffnet, werden wir von dem rhythmischen Plätschern des Innenhofbrunnens in das Land der Träume begleitet.

Kerstin und ich haben es nicht eilig. Die Belohnung für die gestrige läuferische Grenzerfahrung dürfen wir heute Morgen durch unsere Trödelei in der Ruhe des Benediktinerkonvents mit seiner meditativen Aura auskosten. Knapp zwanzig km bis O Serrallo sollten locker zu schaffen sein. Das Frühstück fällt aus. Wir haben ein paar Bananen und Plätzchen in unsere Rucksäcke gepackt. Erst um 9.15 Uhr sind wir unterwegs, zunächst am Hafen und dann immer an der zerklüfteten Küste entlang. Bei angenehmen Temperaturen um 18 Grad im Dunst der aufgehenden Sonne, meist auf Sandwegen direkt am Meer, könnte die Lust am Wandern kaum größer sein. Zwischendurch werden wir von den gelben Pfeilen auf die asphaltierte Küstenstraße geleitet. Von der Seite ertönt plötzlich unvermittelt eine Frage: „Where are you from?" „A Guarda", antworte ich spontan. „No, where do you live?" "In Germany near the dutch border", ergänze ich wahrheitsgemäß. Der Mittfünfziger auf dem Tretroller erklärt uns in schwäbischer Mundart den Grund für sein ungewöhnliches Fortbewegungsmodell. Vor zehn Jahren habe er einen Herzinfarkt erlitten. Seitdem dosiere er seine körperlichen Belastungen sehr genau. Beim Laufen bestehe die Gefahr, dass er sich überschätze. Das könne ihm mit dem Roller nicht passieren. Wie wir sei auch er ab Porto unterwegs. Seine Mutter lebe in A Guarda. Seit Jahren verbringe er seinen

Sommerurlaub in der Region. „Ich kenne fast jeden Grashalm in dieser Gegend", berichtet er stolz.

Auf einem leicht abschüssigen Teil der Straße braust er davon und ward nicht mehr gesehen.
Tausend Meter weiter ist uns ein erster Kaffee bei

Portecelo vergönnt. In einem kleinen Zelt bietet eine ältere Dame Getränke und Bocadillos an. Die Gelegenheit lassen wir uns nicht entgehen. Auf einem Plastikstuhl nehmen wir draußen vor dem Zelt das heiße Getränk zu uns. Es dauert nicht lange, da gesellt sich ein Mann mit Strohhut und kleinem grünen Rucksack zu uns. Vielleicht macht er eine Tagestour. Mit diesem Gepäck kann er unmöglich den Weg von Porto nach Santiago bestreiten. Er klärt uns auf: Seine Wahlheimat ist Arizona. Geboren sei er in Warschau, von wo er 1980 in die Vereinigten Staaten ausgewandert sei. Der slawische Akzent ist unverkennbar. Er liebe Hiking, habe den Kilimandcharo, den Inkatrail und andere bekannte Wege bestritten, meist mit seiner Frau. Hier wandere er ganz bewusst allein und lasse sich das Gepäck hinterhertransportieren. Zuletzt habe er viel Stress im Job gehabt. Wenn ich ihn richtig verstanden habe, betreut er einige Seniorenheime. Das aber ist nicht der wahre Grund für seinen Alleingang. Den eigentlichen Anlass schiebt er hinterher:

„Here on the St. James Way I walk for my son."

"Warum läufst du für deinen Sohn?", will ich wissen.

„Twentyeight years old he committed suicide last year," antwortet er, so, als müsse er es endlich loswerden.

„Do you know something about the reasons?"

„No Idea."

Seine Augen füllen sich mit Tränen. Zweifellos hat er den Schock noch nicht überwunden. Kann man so etwas überhaupt jemals überwinden? Neunzig Prozent der Menschen, die sich umbringen, haben eine psychische Erkrankung. Er wird sich fragen, warum er davon nichts mitbekommen hat. Zu der unendlichen Traurigkeit über den Verlust des eigenen Kindes kommen noch die Schuldgefühle dazu. Jean-Jacques Rousseau schrieb vor über 200 Jahren: „Wer die Pflichten eines Vaters nicht erfüllen kann, hat auch kein Recht es zu werden". Quälen ihn solche oder ähnliche Gedanken? Der Camino kann helfen, die Dämonen zu vertreiben. Das habe ich selbst an Leib und Seele gespürt. Reden hilft auch. Das hat er scheinbar schon verinnerlicht, sonst hätte er es nicht sofort ausgesprochen. Ich würde gerne mehr über ihn erfahren. Wenn wir uns später noch einmal treffen sollten, werde ich mich tiefergehend auf ihn einlassen.

Später - „Warum immer später?", geht es mir ein paar Minuten danach durch den Kopf, als wir schon wieder auf dem Weg sind. Eigentlich haben wir Zeit. Jetzt gerade wäre der Moment gewesen, wo ich ihm durch Zuhören ein wenig hätte helfen können.

Vergebene Chance.

Keine zwei Kilometer weiter steht seitlich der Straße ein dreirädriges Fahrzeug, das zu einer Kaffeebar umfunktioniert wurde. Eigentlich sind wir ausreichend gedopt. Die jungen Leute vor dem Auto strahlen jedoch so etwas Sympathisches aus, dass wir uns, ohne lange zu zögern, hinreißen lassen einen weiteren Kaffee zu trinken. Die Zubereitung wird zelebriert. Der kräftig gebaute junge Spanier erklärt, dieser Kaffee sei eine besondere Caminomischung, die es nur hier gäbe. Seine dunkelhäutige Esposa nickt zustimmend. Die Schöne kommt aus Caracas. Sie bestätigt meine Vermutung, dass es sich zur Zeit besser in Spanien, als in dem vom Diktator Nicolas Maduro ruinierten Venezuela leben lässt. Die beiden haben vor kurzem geheiratet. Wir bitten um ein Foto vor ihrem Gefährt. Die unbändige Lebensfreude, die diese Menschen verbindet, lässt sich auf einem Bild nur unzureichend einfangen.

Zwischen Depression und Glück liegen zwei Kilometer!

Wir laufen in den kleinen Ort Oia ein. An einer Schiefertafel, auf dem ein Pilgermenü angepriesen wird, bleiben wir hängen. Ein Pilgermenü steht schon länger auf unserer Wunschliste. Es ist Mittagszeit und genau der richtige Zeitpunkt für ein Drei-Gänge-Menü. Über ein paar Stufen gelangen wir auf eine tiefgrüne kurz geschnittene Wiese, auf der kleine Tische mit blütenweißen Tischdecken aufgebaut sind. Daneben eine Laube, unter der ebenfalls Esstische und Stühle stehen. Strahlend blauer Himmel, weiter Blick auf die ruhige historische Bucht von Oia. Seitlich davon das Convent von Oia, noch etwas seitlicher Horreos, die typischen galicischen Getreidespeicher. Tempera-

mentvolle Amseln zwitschern fröhliche Melodien. Kein störendes Geräusch, weder von Autos noch von Fabriken oder Menschen. Friedlicher kann eine Stimmung nicht sein, fast paradiesisch. „A Casa de Henriqueta" nennt sich der himmlische Platz. Einmal den Ort der (ewigen) Ruhe und Zufriedenheit gefunden zu haben, fällt es schwer, ihn gesättigt wieder zu verlassen. Nichts treibt uns an. Dennoch: Nolens volens erheben wir uns dann doch irgendwann und laufen zu dem einst bedeutenden Convent hinüber, das aus dem 12. Jahrhundert stammt und den Namen Real Monasteiro de Oia trägt.

Das ehemalige Zisterzienserkloster verfügt über eine wechselvolle Geschichte. Unter Franco diente es als Gefängnis. Heute ist es verschlossen. Wie das Convent in La Guarda sollte es schon lange in ein Hotel umgebaut worden sein. Politische Unstimmigkeiten haben es verhindert. So bleibt uns nur, seine beeindruckende äußere Fassade zu bewundern.

Eine gemütliche Dreiviertelstunde müssen wir noch auf dem Kiesweg am Meer laufen, dann haben wir unsere Bleibe für heute Nacht in O Serrallo erreicht. Sie ist nach Esposende die zweite Herberge, in der wir übernachten. Auch hier gibt es neben einem großen Gemeinschaftsschlafraum im Untergeschoss drei Doppelzimmer im oberen Stock mit Etagendusche. Unser Schlafraum ist spartanisch eingerichtet, aber sauber und mit einem Doppelbett gefüllt, das zum Meer hin ausgerichtet ist. Das absolute Highlight ist die verglaste Veranda, die sich teilweise öffnen lässt. Auch wenn eine Straße zwischen Veranda und Meer liegt. Einen geeigneteren Platz kann ich mir im Moment zum Relaxen nicht vorstellen. Nahezu komplett entkleidet tauche ich in das Leben Robert Schumanns im 19. Jahrhundert ein, schwenke zwischendurch meinen Blick auf die tosenden Wellen des Atlantiks und lasse mich von den nicht zu heißen Strahlen der Nachmittagssonne an der Nase herumführen. Während ich gedanklich dem Maestro bei einem seiner diversen champagnerseeligen Exzesse folge, nehme ich gleichzeitig den Sound der Wellen

als willkommene Untermalung meines Lesevergnügens wahr. 35 Euro für das Doppelzimmer - geradezu ein Schnäppchen.

Am frühen Abend gehen wir in den Ort, um ein paar Nahrungsmittel für den geplanten zeitigen Aufbruch am kommenden Morgen einzukaufen. Die Rückkehr in die Herberge gestaltet sich schwierig. Kerstin hat Probleme mit dem Öffnen der Eingangstür. Sobald sie den Code eingegeben hat, verschließt sich die Tür wieder. Wir versuchen es gemeinsam. Sie gibt den Code ein und ich drücke zeitgerecht die Pforte ein. Gut gedacht, aber schlecht gemacht. Wir erhalten zwar Einlass, aber ich schlage mir an der Eisenkante der Tür den rechten Mittelfinger mit einem tiefen Schnitt auf. Wer solch eine Erfahrung schon einmal gemacht hat, der weiß, dass die nervliche und gefäßreiche Versorgung der Finger besonders üppig ist, was für mich im Moment nichts anderes bedeutet, als dass mein rechter Mittelfinger pocht wie ein laut tickender Wecker und blutet wie eine Fontäne, die sich aus dem Fleisch ergießt. „Wo hast du unser Notfall-Set verstaut?", fragt mich Kerstin. „Notfall-Set, was meinst du damit?" antworte ich entgeistert. Nein, ich habe nichts Geeignetes im Gepäck, um die klaffende Wunde medizinisch korrekt zu versorgen. Zum Glück besitze ich zumindest einen gültigen Tetanusschutz.

Notdürftig verbinde ich den Finger mit einer Toilettenpapierkompressionsauflage. Zur Schmerzlinderung mittels eines Gläschen Weins laufen wir ins schräg gegenüber der Herberge liegende „Porto dos Barcos". Mit Blick auf das nunmehr zur Ruhe gekommene Meer nehmen wir in den mit dicken Kissen gepolsterten Sesseln an einem der weißen Holztische Platz. Von dem freundlichen Ober lassen wir uns einen wohl temperierten Vino do Galicia bringen und beobachten, wie der glutrote Ball allmählich im Atlantik versinkt. Dieses außergewöhnliche Ambiente lässt die Leiden des nicht mehr ganz so jungen T. in den Hintergrund treten. Neugierig betrachten wir, was an den anderen Tischen passiert. Das, was dort an Fischkreationen auf den Teller kommt, sieht „Michelin-Stern-würdig" aus. Sehr nobel, der Schuppen.

Für 15 Euro wäre hier ein Pilgermenü zu bekommen. Verlockend, aber unsere Mägen sind noch gut gefüllt vom Pilgermenü in Oia. Eines ist sicher: Wenn ich noch einmal hier hin komme, werde ich mir den Schmaus im Porto dos Barcos nicht entgehen lassen.

Wir stehen vor der Herberge, als sich zwei Blondinen mittleren Alters an der Eingangstür zu schaffen machen. Fachmännisch öffne ich sie ihnen geschickter als beim ersten Mal und zeige Ihnen, was passieren kann, wenn man nicht sachgemäß vorgeht. Die eine von ihnen - dem Tonfall nach Schweizerin - verdreht die Augen und wendet sich erschrocken ab. Ihrer Gesichtsblässe nach zu urteilen scheint der Kreislauf nicht allzu stabil zu sein. Leicht schwankend verzieht sie sich in den Hintergrund, um sich dort auf ein Sofa zu legen.

Bei der anderen Pilgerin entfache ich helfersyndromartige Eigenschaften. Sie sprintet in den Schlafsaal und kommt mit einem perfekt ausgestatteten Notfall-Set zurück. Geschickt schneidet sie das Pflaster an beiden Enden ein... „damit etwas Zug auf die klaffende Wunde kommt." Sie spricht es gelassen aus, als wäre es ihr tägliches Handwerk. „Bist du Unfallchirurgin?" frage ich sie. „Nein! Erste-Hilfe-Kurs 2010 in Bonn", antwortet sie cool. „Ich würde dich sofort mit übertariflicher Bezahlung einstellen", mache ich ihr ein durch und durch moralisches Angebot, füge aber zur Enttäuschungsprophylaxe vorsichtshalber einschränkend hinzu, dass sie vermutlich einen besseren Job habe. Dass ich Arzt bin, hält sie für einen Scherz. Ich kann es ihr nicht verübeln und unternehme auch keine Gegendarstellung. „Und was machst Du nun beruflich, wenn Du nichts mit Medizin zu tun hast?" frage ich die feinmotorisch so versierte Blondine. Irgendwie kommt sie mir bekannt vor. Kenne ich sie aus dem Fernsehen? Für „Germany's Next Topmodel" ist sie zu alt. Es ist zudem unwahrscheinlich, dass sie mir dort aufgefallen ist, da der Konsum dieser Serie nicht Bestandteil meiner Freizeitaktivitäten ist. Wahrscheinlich ist es einfach nur ihre selbstsichere, aber auch warme Ausstrahlung, die sie mir so vertraut macht. Sei's drum: Meine Frage verhallt im Raum. Wahrscheinlich werde ich es niemals erfahren.

Den Blick auf das Schwarz des Atlantischen Ozeans gerichtet amüsieren wir uns zu später Stunde mit Pilgern auf der Dachterrasse. Miss Nightingale ist auch dabei. Fürsorglich erkundigt sie sich nach meiner Verletzung. „Danke Florence, es geht schon viel besser."

Früher als in den Tagen zuvor setzen wir uns bereits um 7.15 Uhr nach Auflösung der Morgendämmerung in Bewegung. Zunächst über Feldwege wandernd, gelangen wir rasch wieder ans Meer. An der Herberge von Mougas vorbei landen wir in der Bar des Campingplatzes am Ausgang des Ortes. Gerade rechtzeitig zum Frühstück öffnet sie ihre Pforten. Ein mit Käse überbackenes großes Toastbrot und diverse koffeinhaltige Wachmacher sollten uns die nötige Energie für die kommenden Anstrengungen verleihen. Noch immer führt uns der Weg an der Küstenstraße entlang, über Kilometer den Blick auf den Atlantik mit davor gelagerten Gärten gerichtet. Das letzte Stück der Küste in Richtung Baiona verkürzt der Jakobsweg, indem er nach rechts steil bergauf durch einen lichtdurchlässigen Mischwald abbiegt. Zuvor müssen wir, wie so häufig auf der Via de la Plata, dem einsamen Pilgerweg von Sevilla nach Santiago, ein Törchen öffnen und es nach der Passage ordnungsgemäß wieder verschließen. Ob es tatsächlich schneller über den Berg geht als an der Küstenstraße entlang, sei dahingestellt.

Eines wird jedoch schnell klar: Die Mühen lohnen sich. Es wird ein richtig schönes Stück Camino mit viel Kraxelei, bis wir wieder die gewohnte Sicht auf den Atlantik haben. Einziger Wermutstropfen ist ein hässliches Hochhaus, das so gar nicht in die Gegend passt. Dem Architekten sollte man eine lebenslange Wohnverpflichtung in seinem "Meisterwerk" verschaffen.

Erneut dürfen wir über schöne Feldwege wandern. An einer abgezäunten Wiese begrüßt uns ein pilgerfreundlicher Esel. Frei übersetzt aus der Eselsprache dürfte sein lang gezogenes „I-Aah" nichts anderes als „Buen Camino" heißen. Von dem Berg aus, den wir herunterlaufen, sehen wir auf unser Zwischenziel Baiona, einen der markantesten touristischen Hotspots Galiciens im Sommer.

Direkt am Hafen genehmigen wir uns ein weiteres Toast Mixta. Flanierende Menschen mit coolen Sonnenbrillen und entspannte Konversationen in den Straßencafés versprühen so etwas wie mondänes mediterranes Flair. Im Hafen schlummern farbenfrohe kleine Boote, mittendrin eine Nachbildung der Karavelle-Pinta des Kapitäns Martin Alonso Pinzon, der der ersten Expedition von Kolumbus nach Amerika angehörte und mit seinem Schiff die Entdeckung der Neuen Welt noch vor seinem Chef hier an dieser Stelle am 1. März 1493 verkünden konnte. Dahinter auf der Halbinsel Monte Moi, gut sichtbar, die imposante Fortaleza de Monterreal, eine zwischen dem 11. und 17. Jahrhundert entstandene Festungsmauer. Heute wird die Anlage weitgehend als Parador, das heißt als staatliches Hotel genutzt. Es soll einer der schönsten Paradores in ganz Spanien sein. Kann er mit dem Parador auf der Plaza do Obradoio in Santiago, in dem ich 2016 mit Lara nach unserem Vater-Tochter-Camino übernachtet habe, mithalten? Wir werden es nicht erfahren, zumindest nicht auf dieser Reise. Uns zieht es weiter zu unserem heutigen Ziel Nigran, das gleichzeitig der Endpunkt unserer

diesjährigen Pilgerreise sein wird. Wie man hört und liest, erwartet uns dort ein schöner Badestrand. Endlich eine Abkühlung im Meer! Wenn das kein Ziel ist! Hinter Baiona laufen wir durch kleinere Ortschaften, bevor wir bei A Ramasolla auf eine breite, vielbefahrene Ausfahrtstraße gelangen. Ob es noch der Jakobsweg ist? – Keine Ahnung! Gelbe Pfeile können wir nicht mehr entdecken, dafür aber ein Hinweisschild nach Nigran. Auch, wenn der Weg hier nicht gerade eine Offenbarung ist, drei Kilometer vor dem Ziel ist es uns egal. Um 14.00 Uhr stehen wir vor unserem Hotel.

Das Interieur wirkt ein wenig antiquiert. Siebziger-Jahre-Stil. Die Lage des Hotels ist perfekt. Ganz nah an der Bushaltestelle, von der wir morgen nach Vigo hineinfahren werden. Zehn Minuten Fußweg zur Playa Americas. Kurz bevor wir die Playa betreten, begegnen wir zum wiederholten Mal einem spanischen Pilgerpärchen, mit dem wir bisher noch kein Wort gesprochen haben. Wo wir untergekommen seien, wollen sie wissen. Die Herberge sei komplett besetzt. Das einzige freie Zimmer hätten sie im Hotel Interconti, einem Luxushotel, buchen können. Badewetter und kristallklares Meerwasser ziehen uns wie ein Magnet in die Fluten. Der Strand könnte auch Playa de la Concha heißen. Allerdings ist der Name schon vergeben für den berühmten Strand von San Sebastian am Golf von Biscaya im Baskenland. Wie eine große Muschel erstreckt sich die Playa Americas mit seinem feinen Sand über die Bucht von Nigran.

Bis jetzt hat der Verband, den mir „Florence" so professionell verpasst hat und der vermutlich eine Sepsis verhindert hat, gut gehalten. Das atlantische Salzwasser übersteht er nicht. Ich suche die Strandambulanz auf, wo die Wunde ausgiebig von einem sympathischen jungen Spanier in blütenweißem Sanitätsanzug gereinigt und desinfiziert wird. „Diga me si duele", „Sag mir, wenn es weh tut", spricht er sehr einfühlsam. Die Frage, in welcher Fachrichtung er als Arzt tätig sei, gefällt ihm. Er fühlt sich geehrt. Nein, er sei Student im dritten Semester für Ingenieurwissenschaften und verdiene sich hiermit ein paar Euro.

Eine nette Begegnung.

„Immer ist die wichtigste Stunde die gegenwärtige; immer ist der wichtigste Mensch der, der dir gerade gegenübersteht, immer ist die wichtigste Tat die Liebe", lese ich beim Blick auf Kerstins E-Book. Sie hat sich einen Schmöker aus dem Mittelalter auf ihren „Kindle" geladen. Das Zitat stammt von Meister Eckhart. Es passt - wie so oft!
Nein - wie immer!

Abends essen wir Tapas im Hotel. Die dargereichten Köstlichkeiten entsprechen unseren Vorstellungen. Mit dem Riesenteller pulpo alla Gallega habe ich allerdings zu kämpfen, zumal ich ihn weitgehend allein bewältigen muss. Bei einem Gläschen Rioja im Garten hinter dem Haus lassen wir den Abend ausklingen.

Pulporandale
Nigran - Braga

Mitten in der Nacht wache ich auf. Die Krake randaliert. Zunächst weigere ich mich hartnäckig, schließlich aber gebe ich nach und befreie sie aus der Salzsäureverbindung mit meinem Magensaft. Danach ist Ruhe. Als wäre nichts passiert, wache ich ausgeruht um 8.30 Uhr auf. Die Beschreibung der letzten Kilometer nach Vigo klingt in Cordula Rabes Reiseführer so, als wären sie etwas für Masochisten. Masochisten sind wir nicht. Wie geplant, nehmen wir daher ohne Frühstück den lokalen Bus um 10.00 Uhr in die mit 300.000 Einwohnern größte Stadt Galiciens. Der wolkenverhangene Himmel und der Sprühregen bei unserer Ankunft passen zur Hässlichkeit der Stadt, die auch unsere Stimmung kurzfristig trübt. Selbst der kleine Platz um die Hauptkirche in der Nähe vom Hafen ist nicht sehr ansehnlich. Nicht einmal einen Stempel erhalten wir hier. Es bleibt uns nichts anderes übrig, als uns mit einem sehr einfachen Sello in einer Bar zufrieden zu geben. Ganz originell sieht der El Sireno, eine Statur, halb Fisch halb Mensch, an der Plaza do Sol aus. Abgesehen von den vielen Arbeitsplätzen in der Autoindustrie und im Hafen scheint die Stadt trotz ihrer langen, abwechslungsreichen Geschichte, die bis in die Römerzeit zurückreicht, nicht viel zu bieten zu haben.

Wir schultern unsere Rucksäcke und bewegen uns in Richtung Estacion de buses, von wo der Bus nach Braga, unserer ersten Station Richtung Süden abfährt. Die Studentenstadt Coimbra, wo der Camino litoral beginnt, Evora im Alentejo und Albufeira sollen folgen. Die lebendige, aber keineswegs hektische Stadt Braga, empfängt uns mit Sonnenschein und präsentiert sich als eine von vielen positiven Überraschungen unserer Reise. Es gibt eine Querverbindung des Jakobsweges über Braga. Auch die Bischofsstadt im Norden Portugals hat sich die lukrativen Einnahmen durch die Pilger, die im Mittelalter die Stadt passierten, nicht entgehen lassen.

Der Camino ist hier für Kerstin und mich beendet. Die weitere Reise unternehmen wir mit Bus und Bahn.

Schlussbetrachtungen

Welches Resümee und welche Erkenntnisse lassen sich mit Blick auf unseren ersten gemeinsamen Jakobsweg ziehen?

1. Das Experiment ist gelungen! Ein Camino lässt sich auch als Paar unbeschadet und bereichernd laufen. Für Kerstin ist es wandern, für mich ist es pilgern. Eigentlich spielt es keine Rolle, wie wir es nennen. Maßgeblich ist, dass wir den Weg mit seinen vielen Facetten gemeinsam erleben und genießen können.

2. Die Portugiesen gehören zu den angenehmsten Menschen des Universums: Hilfsbereit, höflich, aufmerksam, keineswegs aufdringlich, nicht so exaltiert wie Italiener und Spanier. Auf einen Nenner gebracht: Sehr liebenswerte Zeitgenossen. Diese Erkenntnis hatte ich bereits vor acht Jahren, als ich zum ersten Mal auf dem portugiesischen Weg war. An der Wahrnehmung hat sich auch nach acht Jahren nichts geändert.

In Braga gibt es eine Ausstellung: 45 Jahre Nelken-Revolution. Man registriert auf den ersten Bildern noch, wie das Militär martialisch den Bürgern gegenübersteht. Dann kommen wie von einer magischen Hand geführt Soldaten und Bürger ins Gespräch und schließlich finden sich Nelken in den Panzerrohren. Braga spielt in der Tat eine tragende Rolle in der Zeit der Militärdiktatur Portugals. Von hier nahm der Putsch 1926 seinen Ausgang und von Braga aus marschierten schon wenige Wochen vor der Nelken-Revolution am 25. April 1974 demokratisch gesinnte Soldaten auf Lissabon zu, um die Diktatur zu stürzen.

3. Portugiesen sind gefühlvolle Menschen. Das drückt sich im Fado aus. Einen solchen wundervollen Musikabend durften wir bei Maria in ihrer gut gefüllten Cozinha an der Praca do comercio in Coimbra erleben. Warten gehört nicht gerade zu meinen charakterlichen Stärken. Ich bin sehr froh, dass ich an jenem Abend die Geduld aufgebracht und eine Viertelstunde bis zum Einlass in das Restaurant ausgeharrt habe. Das Menü, das uns in dem kleinen gemütlichen Lokal gereicht wurde, war eines der besten, das ich in den letzten Jahren genießen durfte, der Preis im Verhältnis zur Qualität sehr moderat. Zur unvergesslichen Erinnerung wird ein solches Essen aber erst durch die zuvorkommende, humorvolle Bedienung der Ober und der musikalischen Begleitung. Dem Fado-

sänger - etwa in meinem Alter – war Kerstins verklärter Blick nicht entgangen. Unaufgefordert schritt er nach dem letzten Lied lässig an unseren Tisch. Er fragte sie nach ihrem Namen, entfernte die Verpackungsfolie seiner CD und schrieb eine persönliche Widmung auf den Umschlag: „With a Kiss"...

4. Der Küstenweg ist bis auf wenige Ausnahmen traumhaft schön und absolut nicht langweilig, wie es zuweilen von Caminoinsidern verbreitet wird. Strand-Passagen auf Holzstegen wechseln sich mit Abschnitten in Wäldern, mit Wegen durch kleine bäuerliche Siedlungen und mit anstrengenden, schweißtreibenden Kletterpartien ab. Dennoch: Der Blick aufs Meer ist dominierend - und das ist auch gut so!!

5. Die Herbergssituation scheint komfortabel zu sein, obwohl wir selbst nur wenige genutzt haben. In den letzten Jahren hat sich der Küstenweg logistisch gut entwickelt. Die Kennzeichnung ist so perfekt, dass man sich kaum verlaufen kann und ein Navigationsgerät überflüssig ist. Mir widerstrebt es grundsätzlich, ein solches zu benutzen. Nach meinen diesjährigen Erfahrungen habe ich dagegen weniger Probleme mit dem Verzicht auf Herbergen. Es gibt neben den Herbergen Unterkünfte jeglicher Art. Für mich war es neu, alle Strecken und Übernachtungen im Voraus zu planen. Die Erkenntnis: Ich kann auch anders - und fühle mich trotzdem nicht als Pilger zweiter Klasse. Unsere Unterkünfte waren überwiegend einfach, abwechslungsreich und jede Schlafstätte auf ihre Weise angenehm und bereichernd. Es gab keine bösen Überraschungen.

Und schließlich 6.
Die üblichen Zutaten eines Camino, die ich von meinen früheren Jakobswegen kennen und fast suchterzeugend schätzen gelernt habe, finde ich auch auf dem portugiesischen Küstenweg: Die Lust am Laufen in der Natur, Reflektion und problemloses Abschalten vom Alltag, das angenehme Gefühl der Erschöpfung nach einer 25 km langen Wanderung, die Gewissheit, sich bei der Ankunft nicht nur den Schaum des bewährten Durstlöschers verdient zu haben, das mediterrane Essen, Begegnungen mit Menschen. Auch in der Hochsaison gibt es keine Pilgerprozessionen.

Kerstin hat Blut geleckt. Und so bin ich guter Hoffnung, dass es im nächsten Jahr für uns beide weitergeht bis Santiago... vielleicht auf dem spirituellen Weg.

Liste von Hotels und Restaurants:

My Stay Bolhao
Uniao de Frequesias do Centro
Porto

El Retiro
Telleira 10
36350 Nigran

Autor Guest House
Rua do Libadador
4480-791 Vila do Conde

Casa de Pasto Maria de Perre
Rua de Viana 118
4900-326 Viana do Castelo

Hotel Eleven
Rua Narciso Ferreira 53
Esposende
Tel.253964430

A Casa de Henriqueta
Rua Vincente Lopez 3
36794 Oia, Pontevedra

Restaurant O Porto dos Barcos
O Serralo - Oia
Tel. 986 361 816

Pensao O Laranjejeira
Rua Manuel Espregueira 24
4900318 Viana do Castelo

Hotel Monumento Convento de San Benito
Plaza de San Benito S/N
36780 A Guarda

Alojamiento Camino Portugues Oia
Rua Serallo 12
36309 Viladesuso

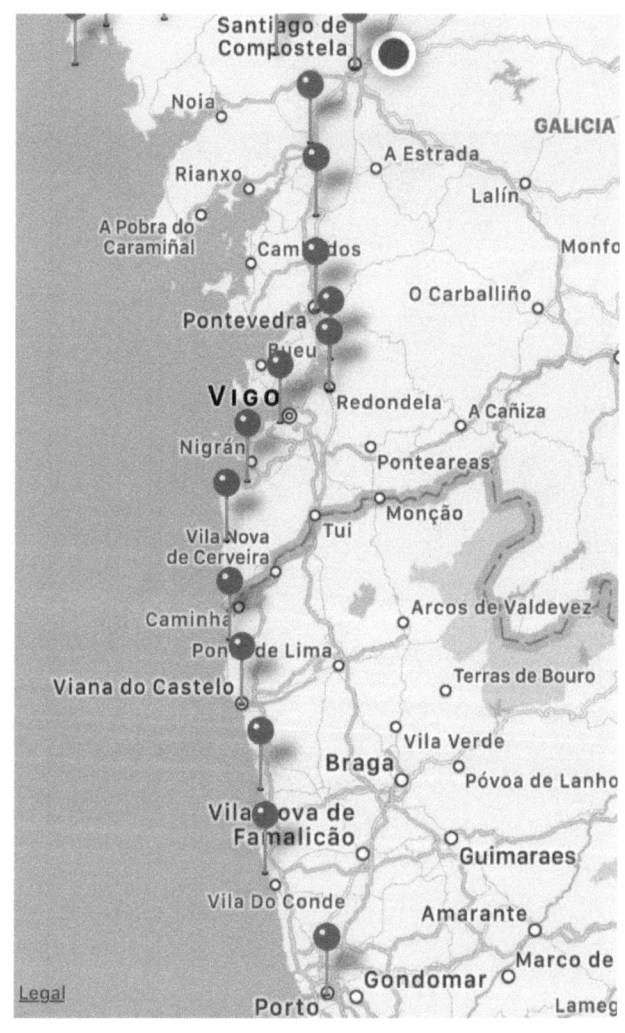

Stationen des Camino Portugues da Costa

Abschnitt 2

Prolog

Es konnte eigentlich nichts mehr schiefgehen.

Eigentlich.

Den ersten Teil unseres Camino-Experimentes hatten wir im Sommer 2019 mit Bravour hinter uns gebracht. Voller Überzeugung, das Richtige zu tun, legten wir mit großer Zuversicht und Vorfreude den Termin für den zweiten Teil unserer Pilgerreise fest. Anfang 2020 ahnten wir noch nicht, dass nichts mehr planbar sein würde wie zuvor. Mitte Januar wurde auf dem Kongress, den ich in Köln besuchte, von einem neuen, sich rasch ausbreitenden Virus in der chinesischen Provinzhauptstadt Wuhan gesprochen. Der Name Corona erzeugte keine Schweißausbrüche oder gar Panikattacken, kannten wir derartige Viren doch auch bei uns bereits aus der jüngeren Vergangenheit. Sie kamen und gingen wieder, ohne dass sie nachhaltige Probleme hinterließen. Ein Kollege fragte, ob seine Tochter den in Kürze geplanten Austausch in Wuhan antreten könne.

Die weitere Entwicklung ist bekannt. Covid-19 brachte auch bei uns einiges durcheinander. Mein Alltag in der Praxis veränderte sich. Umstellungen in den Schulen waren ungleich größer. Die organisatorischen Herausforderungen dort führten zu einer 60-Stunden- Arbeitswoche für meine Partnerin Kerstin. Auch im privaten Bereich gab es Einschränkungen: Die geplante Gartenparty musste ausfallen. Ein Foto, das uns mit Maske in der Abendsonne zeigt, zierte die Absage.

Dann die Überraschung: Nachdem sich die Verbreitung des Virus in Europa deutlich vermindert hatte und Reisen wieder erlaubt waren, wurde unser Rückflug von Santiago im Juli freigegeben. Doch die Freude währte nur kurz, als klar wurde, dass die Aufhebungen der Reiseeinschränkungen erst ab dem 1. Juli galten. Der Hinflug war für den 27. Juni gebucht.

Wir verlegten die Flüge in die Herbstferien. Der zweite Lockdown konterkarierte erneut unsere Planungen. Nächster Versuch: Sommerferien 2021.

Dieses Mal sollte es klappen. Durch die strengen Vorgaben im Winter gingen die Corona-Inzidenzen soweit zurück, dass eine sukzessive Öffnung des gesellschaftlichen Lebens und Reisen wieder möglich wurden. Nach stockendem Start nahm die Impfung der Bevölkerung an Fahrt auf, sodass auch dadurch eine Reise ins Ausland erleichtert wurde.

Die Fortsetzung unseres Caminos von Vigo nach Santiago war auf zwei unterschiedlichen Wegen denkbar. Entweder wir würden von Vigo über Redondela nach Pontevedra und von dort aus über den klassischen zentralen portugiesischen Camino nach Santiago pilgern oder wir würden von Pontevedra aus die spirituelle Variante über Armenteira, Vilanova de Arousa und Pontesecures nehmen. In diesem Falle würden wir entsprechend der Legende, nach der der Leichnam des Apostels Jakobus von Arousa mit einem steinernen Schiff über die Rias und die Flüsse Ulla und Sar nach Padron überführt wurde (Translocatio), nahezu eine komplette Etappe mit dem Boot machen.

2009 lief ich meinen ersten Jakobsweg von Leon nach Santiago. Damals habe ich mich infiziert mit dem Camino Virus. So wie Herpesviren nach der Erkrankung im Körper des Menschen persistieren und sich bei Schwächung wieder akut manifestieren, so treibt mich in mehr oder weniger großen Abständen das Camino-Virus auf einen der zahlreichen Jakobswege in Spanien und Portugal. Die Heilung gelingt meistens schnell, aber sie ist nicht von langer Dauer.

Zwei Jahre ohne Camino – eine lange Zeit. Der Weg von Vigo nach Santiago kommt gerade noch rechtzeitig, wie es scheint, um gravierende gesundheitliche Schäden zu verhindern. Beide können wir den Start in unser gemeinsames neues Abenteuer kaum abwarten.

„Machens et jut!"

Von Bocholt nach Vigo

Nichts hat sich geändert. Es ist wie immer – auch dieses Mal bin ich vor dem Start in das neue Camino-Abenteuer unruhig, kribbelig, nervös. Die alte Camino-Krankheit.

Die Bahn macht Ärger. Einige Tage, bevor es losgehen soll, teilt sie uns mit, dass sie anstelle des Zuges einen Bus von Bocholt nach Wesel einsetzt. Damit nicht genug. Das Gleiche offeriert sie uns von Wesel nach Oberhausen. Von dort sei ein Zug nach Düsseldorf vorgesehen. Umstieg von Düsseldorf nach Köln-Deutz. Umstieg von Köln-Deutz nach Frankfurt Flughafen. Mehr als dreieinhalb Stunden sollen wir einplanen für eine Strecke von etwas mehr als 100 Kilometer. Vielen Dank für das freundliche Angebot.

Von Gelassenheit keine Spur. Wir bevorzugen es, uns von meinem Sohn Carlo nach Duisburg bringen zu lassen und dort direkt den ICE zum Frankfurter Flughafen zu nehmen. Carlo fährt von Duisburg aus weiter nach Frankreich in die Ardèche, wo er sich mit seinen Studienfreunden nach Abschluss der Bachelor-Arbeit trifft.

Im ICE Richtung Frankfurt angekommen, stellt sich allmählich Gelassenheit ein. Die Vorfreude überwiegt gegenüber der Skepsis. Fast hätte uns Corona erneut einen Strich durch die Rechnung gemacht. Dann nämlich, wenn wir die Absicht gehabt hätten den Caminho Portugues in Porto zu starten. Auf Grund der extrem steigenden Inzidenzen mit Überwiegen der Deltavariante hatte man Portugal wieder dicht gemacht für Touristen. Eine erneute zweiwöchige Quarantäne wäre für meine Praxis kaum verkraftbar.

Es ist uns gelungen, das Gewicht unserer Rucksäcke auf 5,5 kg bzw. 6,8 kg zu beschränken. Damit liegen wir deutlich unter der empfohlenen Größenordnung von zehn Prozent des eigenen Körpergewichtes. Was im Gegensatz zu meinen vorherigen Alleingängen fehlt, ist der Schlafsack. Denn wie beim ersten Teil von Porto nach Vigo, habe ich auch dieses Mal weitgehend einfache Unterkünfte vorgebucht. Zu bedenken ist allerdings, dass am Start noch 1,5 Liter Wasser dazukommen. Ein Utensil durfte nicht fehlen: Mein Kopfhörer. Er ermöglicht es mir, den Worten Dr. Leon Windscheids zu folgen, während der ICE uns bei Tempo 290 fest in den bequemen Sitz drückt. Der Autor hat seine Berühmtheit nicht seiner Arbeit als Psychologe zu verdanken, sondern seinem Millionengewinn bei Günther Jauch. Meinem Eindruck nach würde sie Dr. Windscheid gleichwohl auch als Buchautor verdienen. Der Titel des Buches Lautet: „Besser fühlen".

Auf einen kurzen Nenner gebracht konstatiert Windscheid, dass der Mensch zwei existenziellen Zielen folgt: Erstens, als soziales Wesen strebt er nach Beziehungen. Die Haltbarkeit der Beziehungen ist laut den jüngsten Forschungsergebnissen durch zunehmende Schnittmengen der Partner bedingt. Und zweitens möchte jeder entsprechend seinen Möglichkeiten etwas bewirken.

Wenn ich es auf meinen eigenen Zustand beziehe, bin ich bei beiden genannten Zielen auf einem guten Weg: Was den ersten Punkt betrifft, sind meine Partnerin und ich gerade dabei, durch Ausdehnung der Schnittmengen unsere Beziehung belastbarer und noch stabiler zu machen, zumindest, wenn ich das Ergebnis des ersten Teils unseres gemeinsamen Caminos von Porto nach Vigo berücksichtige. Den zweiten Abschnitt kann ich nicht beurteilen. Noch sind wir mitten im Experiment.

Was die andere Hälfte von Windscheids These angeht, ist mir in den letzten Monaten trotz größerer Belastung klar geworden, dass ich auch über die Rente hinaus meiner vertrauten Tätigkeit nachgehen werde. Welch ein Luxus, ohne finanziellen Druck das machen zu können, was man gerne tut und dabei noch täglich etwas bewirken und selbst gestalten zu können!

Friedemann Schulz von Thun, emeritierter Professor für Psychologie der Universität Hamburg, formuliert es anders als Windscheid. Vom Inhalt her aber unterscheiden sich die Statements kaum: „Ein erfülltes Leben wird gefördert durch die Überzeugung, am Drehbuch meines Lebens mitschreiben zu können und wirklich MEIN Leben führen zu können...wenn es dir gelingt, ganz du selbst zu werden und das zu verwirklichen, was in dir steckt...Hierbei ist die Frage nicht, was sich für mich erfüllt, sondern, was sich durch mich erfüllt".

So macht Bahnfahren Spaß! Ich bin fast ein wenig enttäuscht, als die Stimme im Lautsprecher des ICEs unser Ziel Frankfurt Flughafen ankündigt. Nicht aber über den Ton. Im schönsten kölschen Sing Sang dringt die Stimme der Bahn an unsere Ohren und endet mit „Machens et jut!" Die Bahn ist scheinbar bemüht, durch beachtliche Freundlichkeit verlorenes Terrain zurückzugewinnen. Das zeigt sich auch in der nächsten Szene: Ein Mitarbeiter fragt eine junge Stewardess mit eleganter Arbeitskleidung höflich, ob er ihren Koffer beim Aussteigen heraustragen dürfe. „Sind ja sowieso nur Schuhe drin!", scherzt er. Der Mann scheint sich auszukennen. Jedem einzelnen wünscht er einen schönen Tag und eine störungsfreie Weiterreise. Kerstin und ich schauen uns sprachlos, aber übereinstimmend an. Wie leicht sich das Leben doch anfühlen kann angesichts eines solch respekt - und humorvollen Miteinanders!

Der Lufthansa-Flug nach Santiago verläuft reibungslos. Bei der Ankunft hält man uns eine Pistole auf die Stirn, als ob man damit zuverlässig fieberhafte Temperaturen messen könnte. Egal, Hauptsache wir sind durch! Der Flughafenbus zum Bahnhof für einen Euro wird es nicht schaffen, uns noch vor 17.30 Uhr am Bahnhof abzusetzen. Wir nehmen daher das Taxi zum Festpreis von 21 Euro, das wir uns mit einer Mutter und ihrem Sohn aus Hamburg teilen. Santiago empfängt uns mit trockener Hitze. Für meine pilzsporengeschädigten Bronchien ein Ort der Glückseligkeit nach den wochenlangen feuchtwarmen Tagen in Deutschland. Überhaupt fühlt es sich wunderbar an, wieder in Galicien zu sein.

Der Zug verlässt den Bahnhof in Richtung Vigo pünktlich um halb sechs. Er hält in Arousa und Pontevedra, Orte, die wir in der nächsten Woche pilgernd durchqueren werden. Nach gut einer Stunde erreichen wir den Bahnhof Vigo Urzáiz. Vigo wirkt bei Sonnenschein freundlicher als vor zwei Jahren. Dennoch ist es nicht wirklich schöner oder stimmiger geworden. Kritische Stimmen behaupten, das attraktivste an Vigo ist die Nähe zu der unter strengem Naturschutz stehenden Inselgruppe Islas Cies, deren sichelförmiger Strand zu einem der schönsten der Welt gewählt wurde.

Zwischen ansehnlichen Jugendstilhäusern mit hübsch ziselierten Eisen-Balkonen finden sich pragmatische Bauten aus den Siebzigerjahren, die sich genauso gefühlskalt präsentieren wie bei uns. Das Straßenbild ist durch enorme Steigungen geprägt. Wie schaffen es betagte Menschen hier von A nach B zu kommen, frage ich mich. Gusseiserne alte Laternen führen mich gedanklich in meine Studienzeit nach Berlin zurück. In der nahe dem Hafen gelegenen Altstadt dürfen wir trotz Messe einen flüchtigen Blick in die Concatedral de Santa Maria werfen. Fast ohne wirklichen Vorplatz findet sich das Gotteshaus in Hafennähe etwas unscheinbar zwischen die umliegenden Häuser gequetscht. Auch heute erhalten wir nicht den ersten Stempel für unser Credential hier. Unseren alten Freund, „El Sireno" – halb Fisch, halb Mensch - können wir kaum wiederentdecken. Das Monument ist von einer riesigen Baustelle umgeben. Auf dem einzigen Platz mit Flair, der Plaza de Costitucion, lassen wir uns eine Copa des wohl temperierten Vino Ribeiro, einem fruchtigen Weißwein aus der Umgebung des Minho, munden. Wir sind verblüfft, dass mindestens 80 Prozent der Menschen, die den Platz betreten, Masken tragen.

Nach einem ausgiebigen Hafenrundgang klettern wir kurz entschlossen von der Praza de Espana noch den Monte O Castro herauf. So mal eben läuft das nicht. Es kostet uns einige Schweißperlen auf der Stirn, bis wir oben sind. Mit den grandiosen Aussichten auf die Rias in der Abendsonne werden wir jedoch mehr als entschädigt. Und wir bekommen eine Idee, warum die bizarren Strukturen der Rias als Abbild der Hand

Gottes bezeichnet werden. Der Legende nach sind die Rias entstanden, als Gott die Erde erschaffen hatte und er seine Hand zum Ausruhen auf Galicien stützte.

Nach dem Abstieg vom Monte O Castro geht es erneut die Straßen rauf und runter, bis wir unser B&B-Hotel in der Nähe des Bahnhofs erreichen. Bevor wir uns einigermaßen erschöpft von den Reisestrapazen zur Ruhe legen, lassen wir uns den ersten Stempel in unser Credential drücken. Die Damen an der Rezeption sind äußerst zuvorkommend und freundlich. Das Zimmer ist sauber, hell, groß genug und ruhig. Die Kopfseite des Bettes ziert ein hübsches Schwarz-Weiß-Foto von Vigo. Kaffee, Tee und Wasser sind frei erhältlich. Für 57 Euro bietet das B&B ein ausgezeichnetes Preis-Leistungs-Verhältnis. Ich vergebe 10 von 10 Punkten. Zudem ist es ein guter Ausgangspunkt für unsere erste Etappe, da hinter dem Hotel direkt der Jakobsweg aus der Stadt herausführt.

Besonders sputen müssen wir uns heute nicht. Die sechzehn Kilometer nach Redondela sind von der Entfernung her die optimale Anfangsetappe. Auch das Wetter passt. Morgens noch frisch, soll es im Laufe des Tages max. 25 Grad Celsius werden. Ich schleiche mich nach unten in den Frühstücksraum, um von dem großzügigen Angebot des Hotels Gebrauch zu machen, jederzeit Kaffee, Tee und Wasser umsonst abzapfen zu dürfen.

Hinter dem Bahnhof, an dem wir gestern angekommen sind, geht es eine dieser extrem steilen Straßen herauf, die aus der Stadt herausführen. Würde eine Tram hochfahren, könnte es San Francisco sein. Dort habe ich die Straßen ähnlich steil in Erinnerung. In einer Pasteleria gibt's erst einmal ein Stück Obstkuchen und eine große Flasche Wasser. Wir wollen nicht lange verweilen und heben uns daher den ersten Kaffee für später auf. Ein süßes Teilchen zum Frühstück – ganz nach spanischer Lebensart, nicht jedoch nach dem Geschmack meiner Partnerin. Sie bevorzugt herzhaftes, auch zum Frühstück. Trotzdem darf sie ein Stückchen abbeißen. Wer weiß, wann es wieder Kalorienreiches gibt. Aus der Stadt heraus bewegen wir uns weiter auf engen Straßen, machen jede Menge Höhenmeter, bis endlich der Blick freigegeben wird auf die Rias baixas, die südlichen Fjorde der galicischen Küste. Dazu das gleißende Sonnenlicht des späten Morgens - ein Szenario, das in seiner Schönheit kaum nachvollziehbar zu beschreiben ist. Man muss es erleben! Kilometer für Kilometer setzt sich der Camino weiter so fort. Die Augen ständig nach links gerichtet, achten wir kaum auf unsere Schritte. Zum Glück gibt es wenig auf der Straße, über das man stolpern könnte. In der Mitte der Fjorde befinden sich unzählige kleine Inseln die von Menschenhand entstanden. Es handelt sich um die berühmten Muschelbänke, wie uns ein freundlicher älterer Spanier erklärt.

In dem sich anschließenden Wald wird es gleich deutlich kühler. Ein großes Prachtexemplar eines blauen Fisches lacht uns an - Gemälde auf Steinen sorgen für Abwechslung. Zwischen den Bäumen können wir immer wieder einen Blick auf die Rias mit der markanten Puente de Rande erheischen, die die Küste hinter Vigo mit der gegenüberliegenden Landzunge verbindet.

Nach knapp drei Stunden käme eine Kaffeepause nicht ungelegen. Wir haben gerade unsere diesbezüglichen Wünsche ausgetauscht, da erscheint auf der rechten Seite an einem Mäuerchen ein Hinweisschild mit der Aufschrift: Bar O Eido Velo. Der Pfeil dorthin zeigt nach oben auf eine Anhöhe.

Es gibt nur einen einzigen runden Tisch auf der kleinen Terrasse. Wir dürfen uns glücklich schätzen, diesen Platz an der Sonne ergattern zu können. „Platz an der Sonne" ist bei dieser Aussicht auf die Rias eher untertrieben. „Dem Himmel ein Stückchen näher" klingt realistischer– so trage ich es auch in das ausliegende Gästebuch ein.

Nach dem süßen Teilchen heute Morgen darf es jetzt um die Mittagszeit gerne etwas salziges sein. Wenn es irgendwie machbar ist, bestelle ich ein Bocadillo mit Jamon iberico, auch pata negra genannt. Nicht nur weil der Schinken am allerbesten schmeckt, sondern weil ich dieses Baguette mit einem sehr guten Gewissen essen kann. Ich sehe glückliche schwarze Schweine auf der Via de la Plata in der Extremadura vor dem geistigen Auge, wie sie sich auf riesigen Weideflächen an Eicheln satt fressen.

Es dauert nicht lange, da steht das reichlich belegte Objekt der Begierde auf dem Tisch. Ein junges Pärchen legt im Nachbarraum die Rucksäcke ab, um im Inneren der Bar Platz zu nehmen. „Kommt doch raus, an unserem Tisch ist genug Platz", rufe ich ihnen zu. Es wäre jammerschade, wenn ihnen diese Aussicht entgehen sollte. Sie lassen es sich nicht zweimal sagen.

Marc stammt aus Belgien und wohnt in Gent. Anna ist Italienerin aus Apulien und arbeitet bei der EU in Brüssel. Sie sind seit gut einer Woche unterwegs und in Porto gestartet. Auch sie konnten nach den vielen Highlights in der ersten Woche mit der Stadt Vigo nicht warm werden. Hinzu kam noch, dass die Herberge in Vigo ein dunkles Loch gewesen sein muss. Ins Schwärmen kommen sie dagegen von dem außergewöhnlichen Service der Albergue in Paoa de Varzim, in der sie einen großen geschmackvoll möblierten Raum für sich allein hatten. Ihr Urteilsvermögen muss zu diesem Zeitpunkt jedoch erheblich eingeschränkt gewesen sein, da sie nach 47 Kilometern Wegstrecke in nahezu tranceartigem Zustand in das Haus einfielen. Ähnlich wie wir bevorzugen sie eher Etappen um 25 Kilometer. Anna bestätigt mir, dass der portugiesische Espresso ein besonders ausgeprägtes Aroma hat, so wie ich es vor zwei Jahren dort empfunden hatte.

Eigentlich könnten wir ein paar Tage hier oben bleiben. Warum so schnell wieder absteigen, wenn man dem Himmel so nahe gekommen ist? Andererseits wollen wir irgendwann auch in Redondela ankommen. Man soll bekanntlich gehen, wenn es am schönsten ist – ein schwacher Trost!

Die Rias de Vigo gehen allmählich in die Rias de Pontevedra über. Weiter führt der Camino durch einen Wald. Mein Handy, das wie immer beim Laufen auf stumm geschaltet ist, zeigt eine neue WhatsApp-Nachricht an, als ich es aus der Hosentasche nehme, um nach der Uhrzeit zu schauen. Es ist 13.00 Uhr. Der Absender ist unbekannt. „Ihr Zimmer ist sauber. Ihre Betten sind gemacht. Können Sie mir bitte mitteilen, wann sie in Redondela eintreffen?" Die Nachricht kommt aus unserer vorgebuchten Unterkunft in Redondela. Es muss mir entgangen sein, dass unsere Vermieterin aus dem deutschsprachigen Raum kommt. „In einer guten Stunde etwa" schreibe ich zurück. Prompt kommt die Antwort: „Vielen Dank, das passt sehr gut".

In der Siedlung O Cruceido mit Blick auf die Dorfkirche winkt uns eine ältere Frau zu. Es fällt uns schwer zu deuten, was sie von uns will, wir fügen uns aber ihren Anweisungen. Sie möchte nichts anderes, als dass wir ihrer kleinen Kirche, in der gerade der Sonntagsgottesdienst zu Ende ging, einen Besuch abstatten. Wir erhalten eine kostenlose Führung. Danach sorgt die freundliche Senora dafür, dass wir unseren ersten Stempel am Weg in unsere Credential erhalten.

Einige hundert Meter hinter der Kirche finden wir erneut einen Platz zum Ausruhen: Eine Bank in Regenbogenfarben. Regenbogenfarben werden uns auf unserem weiteren Weg noch häufiger begegnen, nicht nur auf Bänken, sondern auch auf Gebäuden oder sogar an Rathäusern. Galicien – eine durch und durch tolerante und offene Provinz!

Um zu unserer Unterkunft zu gelangen, müssen wir uns noch einige Male durchfragen, bis wir schließlich die Adresse im Zentrum von Redondela gegenüber dem Stadtpark erreicht haben. Wir wissen aber immer noch nicht, an welcher Tür wir klopfen oder welche Schelle wir benutzen sollen. Nirgendwo steht der Name der Pension „Casa de Lucera" angeschrieben. Ein junger Spanier, der vor dem Haus in einem Café sitzt, scheint das Problem zu kennen. Er weist uns den Weg zur richtigen Tür und zeigt uns, an welcher Schelle wir drücken müssen.

„Wie schön, dass Sie uns so frühzeitig informiert haben. Es ist ein angenehmes Gefühl zu erfahren, dass unser Zimmer bei der Ankunft bereits beziehbar ist", begrüße ich die Dame, die um die Fünfzig sein dürfte, an der Tür. Sie schaut mich an, als käme ich von einem anderen Planeten. Hatte sie uns gar nicht gemeint und uns versehentlich kontaktiert? „Espanol por favor", fordert sie....

Dann also das ganze nochmal auf Spanisch. „Muy bien, Su Espanol es excelente" beweihräuchert sie mich. „Das erscheint mir sehr übertrieben, Senora, es reicht zum Überleben", antworte ich der schmeichelnden Dame, die offensichtlich sehr geübt im Umgang mit Google Translator ist.

Sie zeigt uns unsere Schlafstätte im dritten Stockwerk - entweder das Zimmer nach vorne oder das nach hinten hin. Wir könnten es uns aussuchen, meint sie. „Und wenn ihr euch nicht mehr vertragen solltet, kann der eine auch vorne und der andere hinten schlafen!" Das will ich nicht hoffen.

Schließlich hat Kerstin morgen Geburtstag. Wenn man es exakt betrachtet, bewohnen wir jetzt eine klinisch saubere, etwas spießig, aber nett eingerichtete Wohnung mit zwei Schlafzimmern, einem Wohnzimmer und einer gut ausgestatteten Küche ganz allein. Für 54 Euro ist auch hier das Preis/Leistungsverhältnis unschlagbar.

Da der Tag noch lang ist, lassen wir uns den Weg zum Strand beschreiben. Wir erreichen ihn in 15 Minuten zu Fuß und verbringen einen lauschigen Nachmittag mit Baden, Lesen und Faulenzen.

Eine Bar zu finden, in der wir abends das Endspiel der Fußball-Europameisterschaft zwischen England und Italien schauen können, ist nicht so einfach. Das Interesse der Spanier an solchen Spielen erlischt, sobald sie aus dem Turnier ausgeschieden sind. Beim Bummel durch die Stadt fällt auf, dass es etliche Herbergen in Redondela gibt. Hier treffen der Küstenweg aus Vigo und der innere portugiesische Weg aufeinander. Bekannte Gesichter kommen uns entgegen, wobei ich tatsächlich zweimal hinschauen muss, um sie zu erkennen. Das gilt vor allen für Anna, die sich ordentlich aufgebrezelt hat: Farbenfrohes, Figur betontes Kleid, roter Lippenstift und Fönfrisur. Für sie ist das Endspiel natürlich ein „Muss". „Bella Figura" zu machen, scheint für die stolze Italienerin dem Ereignis angemessen zu sein. Für den Italiener im Allgemeinen ist es ohnehin eine seiner leichtesten Aufgaben!

Kerstin und ich entscheiden uns, das Spiel in unserer Wohnung anzusehen, auch wenn die Spieler in dem kleinen Fernseher wie Zwerge erscheinen. Genau genommen schaue ich es mehr oder weniger alleine. Bevor das Elfmeterschießen zu Ende geht, ist meine Fußball begeisterte Partnerin längst eingeschlafen und träumt bereits von einem aufregenden Geburtstag.

Eine nette Überraschung erwartet uns, als wir heute Morgen die Haustür öffnen. Zwei Croissants liegen auf einem Teller davor. Den dazugehörigen Café con Leche besorgen wir uns in der Bar neben unserer Unterkunft.

Nach sieben Kilometern über schöne Feld- und Waldwege treffen wir kurz vor Arcade auf eine Versorgungsstation. Gegen einen geringfügigen Geldbeitrag erhalten wir einen weiteren Kaffee und ein süßes Teilchen. Beeindruckend, mit welcher Freude und Hingabe die junge, temperamentvolle Spanierin ihrer Aufgabe nachgeht, müde Pilger aufzumuntern!

Bei Pontesampaio halten wir vor der mittelalterlichen Brücke an, die entlang der Römerstraße XIX die Ufer des Rio Verdugo verbindet. Hier fand 1809 die Schlacht statt, die zum endgültigen Sieg der Galicier über Napoleons Truppen führte. „Shall we take a photo of you?" fragen uns zwei junge Pilgerinnen, die ebenfalls an der Brücke verweilen. „Yes, thank you, It`ll be a nice memory photo for us", entgegne ich ihnen

begeistert. „And now you can sing", fahre ich nach dem Shooting fort. „It`s her birthday today". Das lassen sich die beiden Hübschen nicht zwei Mal sagen. Ein fröhliches „Happy birthday"-Ständchen auf Polnisch – für das glücklich strahlende Geburtstagskind ein ganz besonderer,

einmaliger Moment. Und dann fügt eine der beiden hinzu, sie hätten bereits am Morgen geübt. Mit Genugtuung schauen sie in unsere fragenden Gesichter ob der gelungenen Überraschung. „Also my mother is celebrating her birthday today", klärt sie uns auf. Politisch korrekt antwortet Kerstin mit „Dziekuje" - Danke. Aus welchem zerebralen Hinterstübchen hat sie das jetzt so spontan hergeholt? Ich bin beeindruckt. Vor sechs Jahren hatten wir uns bei einem Besuch Krakaus einige polnische Höflichkeitsfloskeln angeeignet.

Zwei Kilometer vor der Stadtgrenze nach Pontevedra können wir uns entscheiden: Entweder wir laufen weiter an der Landstraße entlang oder wir biegen links in ein Waldstück ein, das schöner und abwechslungsreicher sein soll, aber eineinhalb Kilometer länger ist. Ich kann mich nicht erinnern, dass es diese Alternative bereits vor neun Jahren gegeben hat, als ich mit meinem Sohn Luca den inneren portugiesischen Jakobsweg gegangen bin. Es hätte damals aber auch nichts verändert. Ich bin mir sicher, dass ein eineinhalb Kilometer längerer Weg niemals eine Option für uns gewesen wäre. Keine zehn Meter wären wir mehr als nötig gelaufen. Bei 35 Grad Hitze wollten wir kurz vor Pontevedra nur noch ankommen. Deutlich mehr als dreißig Kilometer hatten wir bereits in den Knochen und konnten uns nichts Schöneres vorstellen, als endlich die geschundenen Füße hochzulegen. Die Erlösung sollte die moderne Herberge am Ortseingang sein. Der ausgestreckte Daumen der Rezeptionistin ließ uns wie kleine Kinder bei der Weihnachtsbescherung fühlen. Zwei Minuten später fühlte es sich an, als sei in den großen Geschenkkartons lediglich Watte gewesen. Der ausgestreckte Daumen bedeutete: Nur noch ein Bett frei. Uns blieb nichts anderes übrig, als uns mehrere Kilometer bis ans andere Stadtende zu quälen, wo wir auf etliche Pilgerbrüder und Pilgerschwestern in einer muffigen Turnhalle als Notunterkunft trafen. Natürlich hätten wir uns auch ein Hotel suchen können. Das verstieß damals jedoch noch gegen meine Pilger-Prinzipien.

Heute haben wir gerade mal zwanzig Kilometer bei 19 Grad Celsius und teilweise Nieselregen hinter uns gebracht. Da wird uns ein kleiner Schlenker nicht aus den Socken hauen. Der Camino complementario belohnt uns mit verschlungenen Wegen durch ein Wäldchen mit teils quer liegenden Baumstämmen entlang dem Rio Tomeza, eines Wassergeläufes, das sich Rio nennen darf, obwohl es nicht mehr als ein plätschernder Bach ist.

Als wir in der fortgeschrittenen Mittagszeit die Stadtgrenze von Ponte-vedra erreichen, sind wir froh, unser heutiges Laufpensum beenden zu können. „Die kleine Schwester von Santiago de Compostela" wird das auf eine lange Pilgertradition zurückschauende Pontevedra genannt. Verkehrsberuhigte stimmungsvolle Plätze, Kirchen und Straßenfas-saden bestätigen die Bezeichnung. Im Herzen der Stadt, schräg ge-genüber der Praza de Teucro liegt unser kleines Hotel Boa Vila. Was die Lage angeht, hätten wir es kaum besser treffen können. Auch der Empfang durch das alte Ehepaar an der Rezeption zeigt uns, dass wir herzlich willkommen sind: Die Senora drückt uns eine frische Flasche Wasser in die Hand, stempelt würdevoll einen Sello in unserer Creden-tial und erklärt uns anhand des Stadtplans einige markante Ecken in Pontevedra. Das Zimmer ist rustikal eingerichtet, das Bad eher mo-dern. Unsere Betten stehen weit auseinander, aber das hat uns noch nie daran gehindert, sie später zusammen zu stellen.

„Wo werden wir morgen übernachten?", fragt Kerstin. „In Vilagarcia de Arousa" antworte ich. Sie schaut es sich auf der Karte an. „Dann müs-sen wir übermorgen früh vor der Bootsfahrt nach Pontesecures noch zehn Kilometer laufen. Willst du das wirklich?" Mehr noch: Wir hätten morgen nicht 24 Kilometer, sondern 34 Kilometer zu wandern. Ehrlich gesagt: Ich habe beim Planen der Etappen die beiden Orte durcheinander-geworfen. Ohne lan-ge nachzudenken, stornieren wir das Hotel in Vilagarcia de Arousa und bu-chen ein anderes in Vilanova de Arousa.

Kerstin passt sich mit einem Mittagsschläfchen viel mehr den spanischen Gewohnheiten an als ich, der ich mir den Weg zu einem Elektrogeschäft erklären lasse, um mir eine neue Speicherkarte für meine Kamera zu besorgen. Beim Durchqueren der Stadt zeigt sich auch in Pontevedra, dass dem Spanier die Siesta heilig ist. Wie leergefegt erscheinen die Straßen. Der Elektroladen hat zum Glück geöffnet.

Gegen 17.00 Uhr kehrt das Leben zurück in die Stadt. Meine Liebste nimmt ihren Bildungsauftrag ernst: Eine ausführliche Besichtigung der Sehenswürdigkeiten in Pontevedra steht auf dem Programm. Die Praza da Teucro gegenüber unserem Hotel ist nach dem griechischen Kämpfer Teucro benannt. Teucro, der Bruder des Ajax, soll der Legende nach im trojanischen Krieg der Meerjungfrau Leucoina bis hierher gefolgt sein und die Stadt gegründet haben. In Wahrheit waren es eher die Römer, die an der Fernstraße XIX eine Brücke über den Rio Lerez errichteten. Die wichtigste Kirche der Pilgerstadt finden wir an der Praza da Peregrina. Die von dem portugiesischen Architekten Antonio de Souto gebaute Barockkirche Capela da Virxe Peregrina imponiert durch den Grundriss in Form einer Jakobsmuschel. Schon immer haben es Kerstin die lustigen Geschichten einer Stadt angetan: An der Westseite der Plaza da Peregrina finden wir das Monumento al Loco Ravachol, ein in Bronze gegossener Papagei. In der Karnevalszeit denken die Einwohner gerne an den Papageien Ravanchol zurück. Das redelustige Tier stellte seinen Sprachwitz in einer kleinen Apotheke, die sich früher am Ort des Denkmals befand, zur

Schau. Der Eigentümer veranstaltete Stammtische, an denen der Vogel aktiv teilnahm. Sprüche, wie „Wehe, wenn ich die Rute hole" oder „Hier wird nicht angeschrieben" sind überliefert. Als Ravachol während der Karnevalstage im Jahr 1913 verstarb, wurde sein Trauergeleit zum öffentlichen Spektakel und bis heute bildet das Begräbnis des Papageien den Abschluss der Karnevalswoche in Pontevedra. Das kommt mir bekannt vor. Gibt es in Köln mit der Verbrennung des Nubbels kurz vor Aschermittwoch nicht ein ähnliches Ritual?

Am 21. Dezember 2018 huldigte die „Süddeutsche Zeitung" der weitgehend autofreien Stadt Pontevedra mit einem Artikel. „So funktioniert eine Stadt" lautete die Überschrift. „Wie in vergangenen Zeiten, als die Beherbergung und Versorgung ein wichtiger Wirtschaftszweig war, haben die Fußgänger im 21. Jahrhundert zumindest das Zentrum wiedererobert", heißt es in dem Bericht. „Pontevedra ist zum Modell für eine fundamentale Änderung der Verkehrs- und Mobilpolitik geworden. Delegationen aus aller Welt reisen deshalb in die etwa 80.000 Einwohner zählende Stadt an der Mündung des Flusses Lerez in den unruhigen Atlantik".

Der Bummel durch die Altstadt ist ein Genuss. Am Rande der Altstadt suchen wir das Stierkampfstadion auf. Auch in Pontevedra ziert das Rathaus eine Regenbogenfahne. Auf den lebhaften Plätzen gönnen wir uns zwischen den Besichtigungen mal einen Kaffee, mal einen perfekt gekühlten Vino Alberino in der Abendsonne. Unsere letzte Station ist die Real Basilica de Santa Maria Maior, die auf dem höchsten Platz der Altstadt liegt und deren Bau im 16. Jahrhundert ausschließlich mit Geldern der einflussreichen Seefahrerzunft finanziert wurde. Uns interessiert nicht so sehr die Architektur, sondern die Darstellung des Heiligen

Hieronymus in dem Renaissance-Hauptportal. Wie so oft haben sich die Restaurateure einen Scherz erlaubt und eine nicht zeitgerechte Veränderung vorgenommen, in diesem Fall heißt das: Hieronymus hat eine Brille auf der Nase. Im Portal der Kathedrale von Salamanca haben wir vor einigen Jahren einen Astronauten gefunden. Im Stein des Kölner Doms wurden die deutschen Fußballer der WM 1966 verewigt.

Wir beschließen den Abend mit einem Geburtstagsmenü in einem der typischen Gassenlokale in lebhafter Gesellschaft fröhlicher Menschen. Erfüllt und erschöpft von einem ereignisreichen spannenden Tag schaffen wir es nicht mehr die Betten zusammenzustellen.

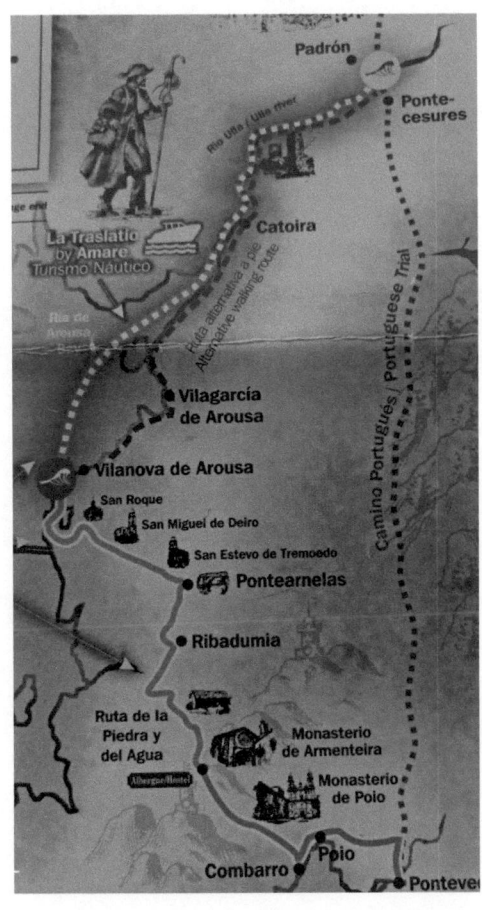

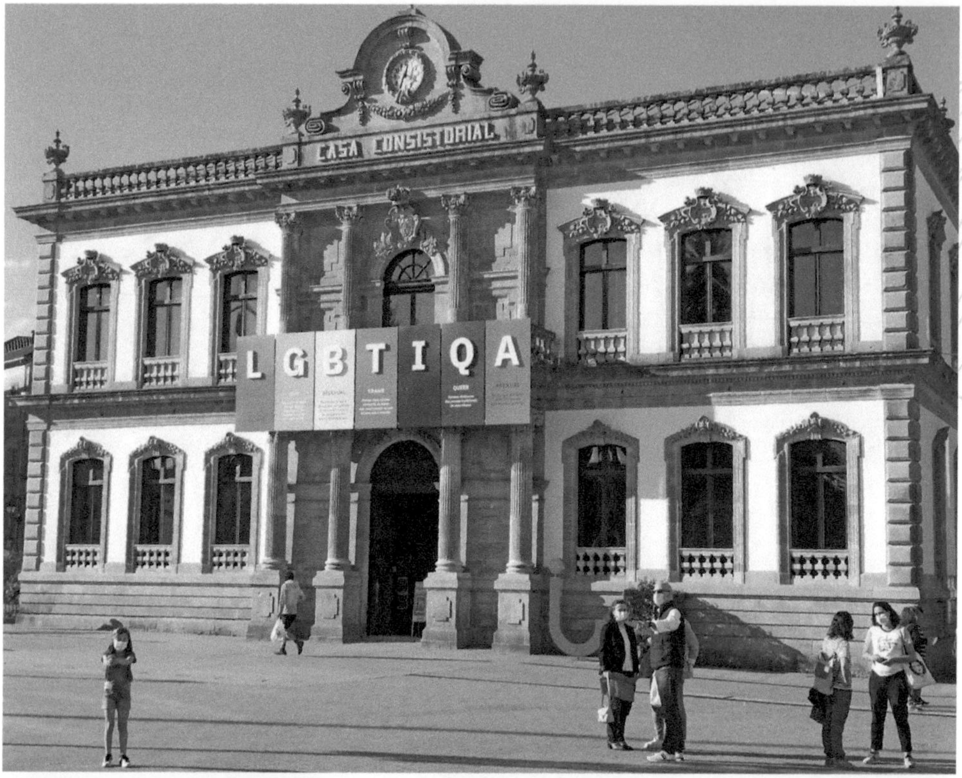
CASA CONSISTORIAL
L G B T I Q A

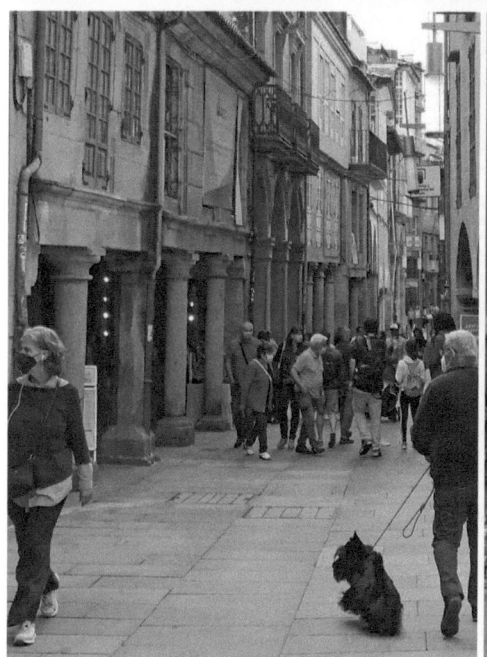

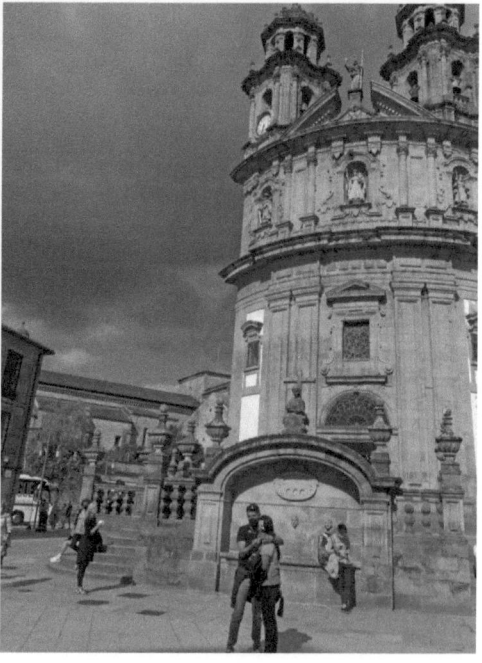

ch muss mich entschuldigen. Dort, wo wir heute übernachtet haben – das hat nicht mehr viel mit bescheidenen Unterkünften auf dem Jakobsweg zu tun.

Aber der Reihe nach...

Warum musste ich auch das Café aufsuchen, in dem Luca und ich uns nach der Horrornacht in der Turnhalle vor der nächsten Etappe gestärkt hatten? Dann hätte ich mir nicht diesen lästigen Wurm eingefangen. Ungefrühstückt verlassen wir unser kleines Hotel, um uns über die Ponte de Burgo auf die andere Seite des Rio Lerez zu begeben. 500 Meter später finden wir das Café an der Ausfahrtsstraße.

Und jetzt bekomme ich den Wurm nicht mehr aus dem Ohr! Während wir uns beim Morgenkaffee die dazu kostenlos dargebotenen Churros einverleiben, tönt im Hintergrund dezent, aber eindringlich die Stimme von Modern-Talking-Sänger Anders aus den Lautsprechern: Brother Louie Louie Louie. Dazu dieser geniale Text von Dieter Bohlen:

Dear, love is a burning fire
Stay,'cause then the flames grows higher
Babe, don`t let him steel your heart
It`s easy easy
Girl, this game can´t last forever
Why we cannot live together
Try, don't let him take your love from me
You´re no good, can`t you see Brother Louie, Louie, Louie
Only love`s paradise
Oh, she `s only looking to me

Gestärkt verlassen wir das Café. Noch ein paar Wohnblocks an der Straße entlang, dann führt der Camino auf einen ländlichen Weg, der vor 2000

Jahren die Via Romana XIX bildete. Brother Louie Louie Louie geht nahtlos in Cherry Cherry Lady über...

Spanier bilden das Gros der Menschen auf diesem Weg. Sie laufen überwiegend in Gruppen, da sie für einen durch die Compostela nachgewiesenen Camino-Credits bekommen, zum Beispiel bei der Bewerbung um einen Job. Bisher haben wir noch keinen einzigen deutschen Pilger gesehen. Das ist eher ungewöhnlich. Vermutlich hängt es mit der Einstufung Spaniens als Hochrisikogebiet zusammen.

Nach ca. 1,5 Kilometern müssen wir uns entscheiden: Entweder wir laufen weiter geradeaus den traditionellen Caminho Portugues oder wir nehmen die Abzweigung nach links, auf die spirituelle Variante. Es gibt nichts zu diskutieren. Längst haben wir uns im Vorfeld unserer Planungen für den Camino-Espiritual entschieden und sind gespannt, was uns dort erwartet. Auch für mich eine neue Erfahrung, nachdem ich den traditionellen Camino vor neun Jahren mit Luca gelaufen bin. Somit bleibt die letzte Etappe von Redondela nach Pontevedra der bisher einzige Camino-Abschnitt, den ich zweimal gepilgert bin.

Von Camino-Insidern wie R. Joost (Autor der gelben Camino-Reiseführer) wird die spirituelle Variante nicht besonders ernst genommen. Der Logik Joosts folgend erscheint es eher unwahrscheinlich, dass die Pilger des Mittelalters sich noch einmal südlich orientierten, bevor sie wieder nördlich in Richtung Santiago pilgerten. Wie viele Legenden aber gibt es, die wir glauben können oder auch nicht. Angefangen mit dem Eremiten, der auf dem Campo de Estrela eine Erleuchtung hatte, auf dem Platz, auf den heute der vollständige Name der Stadt Santiago zurückzuführen ist. Oder

der Hahn von Santo Domingo de Calzada, der bereits gebraten auf dem Teller des Bischofs liegt und plötzlich davonflattert. Oder das steinerne Boot, auf dem Jakobus aus den Rias baixas kommend über die Flüsse Ulla und Sar nach Padron überführt worden ist. Allein die Vorstellung von der Verschiffung auf einem steinernen Boot widerspricht allen naturwissenschaftlichen Gesetzen, etwa so wie Hahnemanns Potenzen-Dogma der Homöopathie „Simile similibus curentur" - nur mit umgekehrten Vorzeichen.

Nur so nebenbei: Früher habe ich häufiger Homöopathie in der Praxis angewandt. Im Laufe der Zeit ist mir ein wenig der Glaube an die Kraft der Kügelchen verloren gegangen. Eines muss man der Homöopathie jedoch lassen. So mancher Patient eines Schulmediziners würde sich die Intensität der verbalen Zuwendung wünschen, wie sie bei der homöopathischen Erstanamnese in der Regel üblich ist.

Zurück zum Camino-Espiritual. Vermutlich hat Joost Recht. Dennoch: Auch die Pilger des Mittelalters sind Umwege gegangen, wenn auch eher aus pragmatischen Gründen, wie z. B. beim Camino-Inverno, um die Strapazen der Montes de Leon im Winter zu vermeiden. Warum aber sollten wir im hier und jetzt allzu dogmatisch sein und uns nicht durch eine besonders attraktive Gegend führen lassen, zumal es an zwei Klostern vorbeigeht?

Auch auf dem Camino-Frances gibt es die Option, einen Umweg zum Kloster Samos zu nehmen. Für unser Gefühlszentrum im Mittelhirn, das hier auf dem Camino so aktiv ist, wird der Umweg sicherlich eine Bereicherung sein.

Das erste Mal, dass ich mich mit dem Camino-Espiritual auseinandergesetzt habe, war vor drei Jahren, als mir mein Pilgerbruder Ingo auf dem Camino del Norte zwischen Salamanca und Bilbao davon berichtete. Seine Begeisterung für diesen Weg ist mir in guter Erinnerung geblieben, sodass es bei den Planungen für den portugiesischen Küstenweg eigentlich keine Alternative gab. Ingo und Volker aus Baden-Württemberg, Jakob aus S´Hertogenbosch und Merle aus Geldern - Jeder in seiner Art ein anderer Typ - waren wir trotz individueller Unterschiede zu einem genialen Quintett auf dem Camino del Norte geworden. Ein Revival irgendwo in Deutschland war schon seit längerer Zeit vorgesehen. Corona machte uns auch hier immer wieder einen Strich durch die Rechnung. Im September des letzten Jahres hat es dann endlich geklappt – wenn auch mit zwei Einschränkungen. Jakob fühlte sich durch seine Blasenkrebstherapie noch zu geschwächt und Merle hatte es mittlerweile nach Guadeloupe verschlagen, wo sie nach ihrem Studium des Brauereiwesens in Weihenstephan die Leitung einer Brauerei übernommen hat. Auch wenn es noch so verlockend gewesen wäre – mit dem ökologischen Fußabdruck wäre ein Kurztrip nach Deutschland nicht vereinbar gewesen.

So blieben Ingo, der damals auf der Fortführung des Camino del Norte seine große Liebe Alice aus Melbourne fand, Volker und ich, die sich im September auf Langeoog wiedersahen. „Für uns war es ein Highlight des Jahres" schrieben mir Volker und Ingo zu Weihnachten. Für mich auch. Zusätzlich war ich um eine Erkenntnis reicher. Volker hatte ein paar Krümel Marihuana in der Tasche gehabt. „Gelegentlich gönne ich mir das in besonderen Momenten", sagte er schmunzelnd. Ob wir auch Lust hätten, fragte er

uns. Für Ingo gab es keine Zweifel. Auch ich willigte nach kurzem Zögern ein. Mein „letztes Mal" liegt 35 Jahre zurück. Ich war jung, unabhängig, kinderlos und lebte den unbeschwerten Traum der Freiheit auf einer philippinischen Insel. Während Ingo und Volker

einen Lachflash nach dem anderen erfuhren, geriet ich in einen komplet-
ten Zustand der Dissoziation. Mein Körper entzog sich völlig meiner Kon-
trolle, indem ich das, was mit mir passierte, beobachtete, als ob es mit
jemandem anderen geschehen würde. Nein, so etwas brauche ich und will
ich nicht mehr. Never ever!

Zunächst läuft die Variante 'Espiritual' an der asphaltierten Straße entlang, bevor sie in Feldwege übergeht. In einem kleinen Dorf verlieren wir
die Orientierung in Form gelber Pfeile. Wahrscheinlich haben wir eine Abzweigung übersehen. Wir sprechen eine junge Frau an, die uns ohne lange Überlegungen an die Hand nimmt, um uns über eine Querverbindung
wieder auf den Camino zu bringen. An einem Feld gibt sie ihrem Mann auf
dem Trecker ein Zeichen, dass er sie mal für einen Moment entbehren
muss.

In Poio legen wir an dem Riesenhorreo eine Pause ein. Dieser Getreidespeicher ist mit drei Metern Breite und 33 Metern Länge einer der größten
in Galicien. Das dahinterliegende Benediktinerkloster ist geöffnet, sodass
wir problemlos durch die heiligen Gemäuer spazieren können. Ein paar Kilometer weiter besuchen wir das kleine Fischerdorf Combarro, in dem sich
60 Horreos befinden. Das Besondere daran ist, dass 30 von ihnen entlang
der Flussmündung von Pontevedra liegen. Einige sind umgebaut worden

zu Esslokalen. Der Ort
ist voller Touristen, die
sich durch die Gas-
sen drängeln. Wir sind
froh, als wir den Aus-
gang gefunden haben
und jenseits der Um-
gehungsstraße den
ersten gelben Pfeil
entdecken können.

Steil bergauf geht es
einen asphaltierten
Weg hinter Comabarro
entlang kleiner Häu-
seransammlungen in

Richtung Armenteira. Aus einem Hof dröhnt laute Musik. Meine Rettung. „La cintura" von Alvaro Soler befreit mich von meinem Wurm. Endlich!

Es geht weiterhin kontinuierlich bergauf. Auf dem Gipfel angekommen hat es den Anschein, als hätten wir die Baumgrenze erreicht, so karg ist die Landschaft hier. Der Anstieg hat einige Kalorien gekostet. Unser Laufmodus hat sich für den Moment unterschiedlich entwickelt. „Geh ruhig dein eigenes Tempo", ermutigt mich Kerstin vorweg zu laufen.

Wie ein Uhrwerk setze ich in rhythmischen Zeitabständen einen Schritt vor den nächsten. Etwas wehmütig betrachte ich in der Ferne den weiten Horizont, lasse mich auf die Gedanken ein, die ungefragt meine Hirnwindungen durchdringen: „Wo ist nur die Zeit geblieben?"

„Wo ist nur die Zeit geblieben?" Die Frage hallte durch den Veranstaltungssaal, in dem ich mich mit meinem Schwiegervater Josef vor drei Jahren in Gelsenkirchen befand. Hannes Wader, der alte Bänkelsänger, der „Heute hier, morgen dort"–Vagabund hatte die Frage in den Raum geworfen. Er zelebrierte seine Abschiedstour und wir durften dabei sein. Mitfeiern mit einem Hero, der uns durch die Zeit begleitet hat – gleichgültig, dass Josefs und meine Geburtsdaten fünfzehn Jahre auseinander liegen. Mitfeiern mit Menschen, die sich mit ihren langen grauen Haaren und ihren selbstgestrickten Pullovern, die knapp über der Kniescheibe endeten, treu geblieben sind. „So, wie es jetzt ist, ist es gut", sprach Hannes Wader in der vertrauten sonoren Stimmlage. Er hatte die Siebzig damals klar überschritten. „Es wird aber nicht so bleiben, es geht immer weiter", fügte er leiser hinzu. Dann folgte „Kokain" und ein Jeder fand sich im Rausch der eigenen Spekulationen wieder.

„So, wie es ist, ist es gut." Das würde auch ich unterschreiben. Nein, Zwanzig müsste man nicht nochmal sein. Wehmütig der Vergangenheit nachtrauern nützt keinem Menschen etwas. Der Blick in den Spiegel verrät mir, dass ich keine fünfzig Jahre mehr Jakobswege laufen werde. Auch das Alter bringt Vorzüge mit sich: Erfahrung gepaart mit Gelassenheit. Wann ist der richtige Zeitpunkt, die Rente einzureichen? Bin ich schon alt oder sind es nur die anderen? Gefühlt sind es die anderen. Neulich begrüßte mich auf einer Beerdigung eine Jungendfreundin, die ich über 40 Jahre aus den Augen verloren hatte. „Hallo Thomas, ich bin Claudia". „Mein Gott bist Du alt geworden!", Diese Worte wollten aus meinem Mund. Zum Glück haben sie nicht den Ausgang gefunden. „Mein Gott, Claudia, wie lange haben wir uns nicht gesehen?" sagte ich stattdessen. Wie wird das schöne Mädchen von damals mich jetzt empfunden haben? Vermutlich genauso, wie ich sie.

Nur weil ich ein gewisses Alter erreicht habe, muss ich nicht zwingend meine vertraute Arbeit niederlegen. Angemessen wäre es, wenn Menschen sanfter aus dem Beruf ausscheiden könnten. Zum einen würden sie für eine angemessene Zeit ihr Know-How den jüngeren Kollegen und Kolleginnen vermitteln können. Sie selbst hätten andererseits das Gefühl noch gebraucht zu werden und nicht in das berüchtigte tiefe Loch zu fallen. Leider sieht unsere Arbeitswelt solche Modelle noch viel zu wenig vor.

Für mich haben sich die Verhältnisse im Laufe der Zeit geändert. Nicht der Broterwerb steht im Vordergrund meiner beruflichen Tätigkeit. Nein, die Motivation meiner täglichen Arbeit nachzugehen wird genährt durch die Begegnungen mit Menschen. Daher fiel es mir auch nicht schwer, das lukrative Angebot des Krankenhauses abzulehnen, meine Praxis in ein me-

dizinisches Versorgungszentrum umzuwandeln. Ich bin damit im Reinen, zumal ich dadurch einen Teil meiner Selbstbestimmtheit nicht aufgeben musste. Ich müsste meinen Blick auf die Kinder vermutlich einer mehr undifferenzierten Sichtweise opfern, mich eher wirtschaftlichen Vorgaben unterordnen „Das passende Leben", wie Remo Largo, mein spiritueller Mentor es nennt, angepasster machen. Professor Largo, der kürzlich verstorbene Schweizer Neuropädiater hat mich gelehrt, im Hinblick auf die Kinder nicht zu sehr defizitorientiert, sondern mehr ressourcenorientiert zu denken. Sein Leitgedanke „Gras wächst auch nicht schneller, wenn man dran zieht" stammt zwar nicht von ihm, sondern ist eine afrikanischen Lebensweisheit - Largo aber hat ihn verinnerlicht. Auf einen kurzen Nenner gebracht heißt das: "Gebt den Kindern die Zeit, die sie brauchen, überfrachtet sie nicht mit unnötigen Therapien. „Jedes Kind ist anders", befand Maria Montessori banal, aber doch bedeutsam. Der Kölner würde leicht abgewandelt proklamieren: „Jede Jeck is anders". Der wohl berühmteste Kölner Konrad Adenauer scherzte einst: „Nehmt die Menschen, wie sie sind. Es gibt keine anderen". Und Goethe forderte in 'Herman und Dorothea': „Wir können die Kinder nach unserem Sinne nicht formen: So wie Gott sie uns gab, so muss man sie haben und lieben, sie erziehen aufs Beste und jeglichen lassen gewähren. Denn der eine hat die, die anderen andere Gaben. Jeder braucht sie und jeder ist doch nur auf seine Weise gut und glücklich."
Dieses Zitat hängt seit vielen Jahren in unserer Praxis.

Auch wenn die Arbeit in der Praxis nach dem Ausscheiden meiner Kollegin nicht weniger, sondern mehr geworden ist, möchte ich mir doch eines wünschen: Meine Abschiedstour sollte sich noch eine Weile hinziehen. Zu sehr fühle ich mich mit meinem Praxisteam verbunden. Zu sehr empfinde ich es immer noch als großes Geschenk, Babys, Kleinkinder, Schulkinder und Jugendliche in ihrer Entwicklung begleiten zu dürfen, zu sehr würden mir die Gespräche mit den überwiegend freundlichen und dankbaren Müttern und Vätern fehlen. Immer wieder gibt es menschliche und fachliche Herausforderungen, die ich nicht missen möchte. So trivial es klingt. Ein Baby auf dem Arm zu halten und einen Blickkontakt zu erheischen, erzeugt immer noch großes Glücksgefühl. Alle paar Minuten ein neues Individuum. Eine eigene Herkunft. Ein anderes Land. Ein Einzelschicksal. Die Arbeit in der Kinderarztpraxis ist abwechslungsreich - und amüsant, denke ich an die herrlichen Kindermund-Erlebnisse: Wie zum Beispiel vor einigen Wochen, als der Dreijährige vor der Plexiglasscheibe an der Anmeldung anhielt und die einzelnen dahinterstehenden Personen nacheinander taxierte, die sich zuvor bei seiner Vorsorge intensiv um ihn gekümmert hatten. „Wer bist du?" – „Carolin". „Wer bist du?" – „Mandy". „Wer bist du?" – „Miria". „Und wer bist du nochmal?" – „Thomas". Dann wandte er sich empört zu seiner Mutter: „Mama, das ist gar nicht Dr. Schmidt – das ist Thomas."

Einige Begegnungen sind gar skurril. Kurz vor Weihnachten des vergangenen Jahres wurde ich zu einer U2 einbestellt. Das ist die Vorsorgeuntersuchung, die drei bis zehn Tage nach der Geburt stattfindet. Nach Ende der Sprechstunde fuhr ich raus an die niederländische Grenze, wo die frisch gebackenen Eltern mit ihrem Baby wohnen. Auch nach mehrmaligem Schellen öffnete sich keine Tür. Letzter Versuch: Eindringliches Klopfen an das Küchenfenster. Eine junge Frau entschuldigte sich, dass sie die Klingel überhört habe und bat mich ins Wohnzimmer. Dort lag der Vater mit dem Baby im Arm auf dem Sofa. Als ich genauer hinschaute, wähnte ich mich im falschen Film. Der junge Mann – nennen wir ihn Tobias - grinste mich an und begrüßte mich freundlich mit „Hallo Thomas". Der letzte indirekte Kontakt, den ich mit ihm hatte, lag drei Jahre zurück. Die Polizei hatte mich auf die Wache gebeten, um mir meinen Personalausweis auszuhändigen, der mir vor einigen Wochen zusammen mit meinem Portemonnaie von der Gartenterrasse unseres Hauses gestohlen worden war. Sie hatten ihn bei Tobias, der schon länger auf ihrer Fahndungsliste stand, gefunden. „Ist Ihnen der Name des Mannes bekannt?", fragte mich der Kriminalbeamte. Sein Name war mir sehr wohl bekannt. Tobias war mit seiner Familie in unserer Nachbarschaft aufgewachsen. Zusammen mit seinem Vater Peter und meinem Freund Klaus hatten wir vor einigen Jahren einen Trip nach Rom gemacht. Die Familien waren befreundet, feierten gemeinsam Geburtstage und Sylvester - bis Tobias' Vater vor zehn Jahren tödlich verunglückte. Was folgte, waren Drogen, Beschaffungskriminalität, Obdachlosigkeit. Der Junge war auf die schiefe Bahn geraten. Vorläufige Endstation: Die JVA in Münster.

Nun also das unerwartete Wiedersehen. Wie gehe ich angemessen mit einer solchen Situation um? Gibt es überhaupt eine richtige Reaktionsweise? Ich handelte zunächst aus dem Bauch heraus und dann reflektiert. Spontan sagte ich: „Mein Gott, Tobias, dass du dich noch traust, mich zu kontaktieren!" Er zeigte sich völlig unwissend und auch seiner Partnerin war es offensichtlich rätselhaft, in welche Richtungen meine Andeutungen gingen. Mir lag es fern, in diesem Moment eine Aufklärung herbeizuführen, zumal die Mutter scheinbar ahnungslos war. Tobias erzählte mir, dass er in einer Gärtnerei in den Niederlanden Arbeit gefunden hätte. Intuitiv beschloss ich, die Blickrichtung zu wechseln, das heißt, nicht in dem Modus der Anschuldigungen zu verharren, sondern meiner ureigenen Aufgabe als Kinderarzt gerecht zu werden, nämlich das Neugeborene zu untersuchen und etwaige Sorgen der Eltern zu lindern. Darüber hinaus wollte ich lieber das in den Vordergrund stellen, was ich in derlei Situationen zu genießen pflege: Ein kleines Stückchen an dem Glücksgefühl und der Freude der Eltern über den neuen Erdenbürger partizipieren zu dürfen. War es nicht auch ein veritables Wunder, dass ein vom Pfad der Tugend abgekommener Mensch wieder in die richtige Spur geraten war?

Zur ganzen Wahrheit gehört aber auch eine andere sehr traurige Seite unseres Berufes. Wenn Kinder sterben, ist es immer besonders schlimm. Wenn sie durch Gewalt zu Schaden kommen, fragt man sich, was in Menschen vorgeht, dass sie wehrlosen unschuldigen Lebewesen derartiges Leid zufügen können. Der Schrecken, der mir durch die Gliedmaßen drang und das Blut in den Adern beinahe gefrieren ließ, war gewaltig, als mich vor ein paar Wochen der sympathische Oberarzt der hiesigen Kinderklinik in der Mittagspause anrief und von dem fünf Monate alten Säugling mit Spiralfrakturen der unteren und oberen Extremitäten sowie schütteltraumatisch bedingtem Abriss der Hirnbrückenvenen berichtete. Warum war mir nicht aufgefallen, dass mit der Familie etwas nicht stimmte? Hatte ich bei den Vorsorgen oder anderen Terminen gar Hämatome oder andere Hinweise für eine Misshandlung bei dem Baby übersehen?

Auch diese Familie hatte ich nach der Geburt zur U2-Vorsorgeuntersuchung besucht. Nichts, aber auch gar nichts deutete darauf hin, welche Abgründe sich später auftun sollten. Mutter, Vater und Großmutter standen glücklich um das Neugeborene herum. Die Oma versicherte, wie froh sie sei, dass ich nach ihrer Tochter nun auch ihr erstes Enkelkind betreuen würde.

Als die Kriminalpolizei unsere Praxis aufsuchte, musste die gesamte Legende auf den Tisch. Der Verlauf zeigte, dass die Familie sich in den letzten Wochen einige Male in der Praxis angemeldet hatte, dann aber nicht erschienen war. Es stellte sich heraus, dass der vermeintliche Vater gar nicht der Vater, sondern der neue Freund der Mutter war. Die schweren Verletzungen waren in der Zeit entstanden, in denen wir das Kind nicht gesehen hatten. Die entscheidende Frage bleibt abzuwarten: Hat das Baby bleibende Schäden erlitten? Hoffentlich nicht!

Verantwortung für Menschen zu übernehmen gehört mit zu den tragenden Säulen unseres Berufes. Ist das der Grund, warum es so schwierig ist, junge Kolleginnen oder Kollegen für die Praxis zu gewinnen oder ist es doch nur die viel beschriebene Work-Life-Balance?

An der Stelle, an der der Weg abzweigt in einen Wald, warte ich drei, vier Minuten bis Kerstin wieder zu mir aufgeschlossen hat. Es dauert nicht lange, da gesellt sich geräuschlos ein Riese zu uns. „By the way, my name ist Ryan", spricht der Riese. "Ryan or Bryan?", fragt Kerstin. "Ryan like Ryanair", sagt der schlaksige Riese trocken. Aha, das können wir uns merken. Er ist erst der zweite Pilger nach der Abzweigung hinter Pontevedra, dem wir heute begegnen. Die spirituelle Route scheint bei Pilgern nicht besonders populär zu sein. 'Ryanair' ist Geschichtslehrer in Ohio und hat seinen Job geschmissen, um sich die Geschichte nicht nur mehr in Büchern anzusehen, sondern vor Ort in Europa. Er hat viel Zeit und erwägt einen beruflichen Neuanfang im Land seiner Vorväter zu versuchen.

Plötzlich steht da ein Pferd mitten auf der Flur. Wir nehmen den Abzweig links herunter und können so dem wilden Tier ausweichen. Durch Farn und Gestrüpp bahnen wir uns einen Weg, der alsbald an einem Platz endet, an dem wir unerwartet das Kloster Armenteira erblicken. Ryanair verabschiedet sich in die Herberge, während wir unser vorgebuchtes Hotel aufsuchen, das direkt um die Ecke liegt.

Von außen eher abschreckend durch viel Beton wird das Interieur des Vier-Sterne-Hotels La Pousada de Armenteira von warmen Holzfassaden, lauschigen Sitzecken mit modernen Polstermöbeln und großen Fensterfronten, die den Blick in die Natur freigeben, geprägt. Wir können beobachten, wie der vielleicht achtzehnjährige schlanke Auszubildende mit seinen noch kindlichen glatten Gesichtszügen und den rehbraunen Augen von seinem nicht viel älteren Ausbilder angeleitet wird, die neuen Gäste mit ihren Rucksäcken - also uns - aufzunehmen und einzuweisen. Er macht es so zugewandt und empathisch, dass einem warm ums Herz wird. Unserer

Bitte, eine Bootsüberfahrt von Vilanova de Arousa nach Pontesecures für übermorgen zu organisieren, nimmt er sich unverzüglich an.

Kerstin lässt sich die Gelegenheit nicht entgehen, den Außenpool für eine Abkühlung zu nutzen. Bei achtzehn Grad Celsius verzichte ich freiwillig, lege meine matten Knochen stattdessen lieber auf dem bequemen Bett ab. Gut erholt werfen wir am frühen Abend einen Blick in das 1149 gegründete Zisterzienserkloster, bevor wir unseren Bärenhunger im benachbarten Gartenlokal mit spanischen Köstlichkeiten wie Empanadas, Meijllones und einer Riesenportion Pimientos de Padron stillen.

Ryanair sitzt am Nachbartisch ganz allein. Er scheint uns nicht zu beachten. Ich laufe rüber zu ihm an seinen Tisch.- „Es ist verrückt", klagt er. „Ohne Rucksack kennt man die Leute kaum wieder. Danke fürs Kommen." Er ist mit zwei anderen Pilgern in der Herberge untergekommen.

Kapitel 5 - Mittwoch, 14. Juli 2021
„Einen Schluck trinken, Maske auf!"
Von Armenteira nach Vilanova de Arousa | 24 Km

Das reichliche und vielseitige Frühstücksbuffet passt zu unserem Camino–Luxustag. Es bietet eine perfekte Grundlage für die anstehenden 25 Kilometer an die Küste nach Vilanova de Arousa. Und es lässt den Preis von 55 Euro pro Person für unsere Pilgerunterkunft fast wie ein Schnäppchen erscheinen.

„Es klappert die Mühle am rauschenden Bach". Wir sind gerade einmal drei- bis vierhundert Meter von unserem Hotel entfernt, da tauchen wir in einen Märchenwald ein, in dem wir wahrscheinlich in Kürze Räuber Hotzenplotz und Rotkäppchen begegnen werden. Steil geht der schmale Weg auf der rechten Seite des laut plätschernden Rio Armenteiro herunter. Hier klappert jedoch nichts mehr. Teilweise mit Moos bedeckte hydraulische Steinmühlen zieren den fast unwirklich erscheinenden Pfad, der der Ruta Piedra y Agua folgt. Festes Schuhwerk ist nützlich, um die großen Steine und querliegenden Äste passieren zu können. Zum Glück ist es trocken. Die Sonne blinzelt hier und da durch die Baumkronen. Bei Regen und Matsch hätten wir uns schon einige Male auf den Hintern gelegt. Sieben Kilometer geht das so weiter. Traumhaft!

Wir tauchen aus der Dunkelheit heraus in das fast grell erscheinende Licht der späten Morgenstunden und dürfen erneut an einem Fluss entlanglaufen. War das ganze doch ein Traum und wir sind plötzlich an das andere

Ende der Welt gebeamt worden? Wir trauen unseren Augen nicht: Gärten mit Pflanzen, die vollbehangen mit Kiwis sind, hätten wir eher in Neuseeland erwartet.

Etwas getrübt wird meine Stimmung durch Carlos Nachricht, dass es ihm seelisch nicht gut geht. Wie Ebbe und Flut wechseln sich Phasen der Euphorie und Perioden der Melancholie bei ihm ab. Als hochsensibler Mensch empfindet er Wahrnehmungen immer etwas intensiver, kann sie schlecht selektieren oder ausblenden. Prinzipiell hat die Hochsensibilität nach dem Verständnis der Wissenschaftlerin Elain Aaron keine pathologische Dimension. Zuweilen leidet Carlo darunter jedoch so sehr, dass Panikattacken und Angststörungen drohen. „Die Angst vor der Angst", wie Dr. Leon Windscheid es nennt.

Während des Laufens bleibt genug Zeit, sich über Carlos Gefühle Gedanken zu machen. Nach der Ankunft werde ich meinem Sohn einen Brief schreiben.

„Der Weg gibt dir das, was du brauchst", heißt es immer wieder so plakativ, wenn man über die Magie des Jakobsweges spricht. Ja, das macht er, allerdings nicht immer sofort. Gelegentlich ist es nötig, geduldig zu sein. Wir steuern in der Mittagszeit auf eine Bar zu – geschlossen. Wir nähern uns der nächsten – auch hier prangt das Schild „cerrado" an der Tür. Ein Café con leche käme jetzt sehr gelegen. Zumindest sollten wir unsere zur Neige gegangenen Wasservorräte an dem Brunnen auffüllen können – erneut Fehlanzeige: Keinen einzigen Tropfen spendet er! Enttäuscht laufen wir ohne Kaffee und ohne Wasser weiter an der Straße entlang. Neuer Hoffnungsschimmer auf der linken Seite: Ein Geschäft mit einem Café daneben. Es ist bitter: Erneut treffen wir auf verschlossene Türen. Wir klopfen einfach mal an. Und… oh Wunder, eine elegant gekleidete Dame um die Fünfzig öffnet uns die Pforten. Zwar sei der Laden heute geschlossen, aber sie könne uns ja nicht verdursten lassen, meint sie. Sie verkauft uns eine große Flasche Wasser. Wir trauen uns kaum zu fragen, tun es dann aber doch: „Seria posible recibir todavia un Café con leche, por favor?" Ohne Gegenrede stellt sie die Kaffeemaschine an und erfüllt uns mit einem Lächeln im Gesicht auch diesen Wunsch.

Kleinere Weingebiete, Wälder mit dem vertrauten Geruch von Eukalyptus, Felder mit bunten Blumen und Häuseransammlungen im typischen galicischen Baustil mit Natursteinen lassen keine Langeweile aufkommen, auch wenn Kerstins Beine langsam schwerer werden. Noch fünf Kilometer bis zu unserem heutigen Ziel sollten zu schaffen sein.

Mein Handy zeigt eine eingegangene Nachricht einer unbekannten Person an. Alba von der Reiseagentur, die der junge Rezeptionsmitarbeiter in Armenteira beauftragt hat, meldet sich. Sie fragt, wo sie uns die Tickets für die Bootsüberfahrt nach Pontesecures aushändigen kann. Wir einigen uns auf 18.00 Uhr in unserem Hotel.

Wie aus dem Nichts taucht plötzlich hinter den Häusern das Meer auf. Feine Sandstrände, azurblauer Himmel und türkisfarbenes Wasser lassen Karibikfeeling aufkommen – mit einem kleinen optischen Makel: Die lang gezogene Brücke über die Ria im Hintergrund will nicht so recht in die naturbelassene Landschaft passen.

Eine schmale Fußgängerbrücke führt uns schließlich nach Vilanova de Arousa und durch den kleinen Ort zu unserem nachträglich gebuchten Hotel Bradomin. Der in der Stadt geborene Dichter Ramon Maria del Valle-Inclan, dem sie ein Denkmal am Hafen gesetzt haben, steht Pate für den Namen unserer Unterkunft. Der Romancier identifizierte sich mit der Figur Bradomin. Auch heute wieder freundlicher Empfang in einem durch das Tageslicht erhellten Raum. Wir beziehen ein einfaches, aber ausreichend großes und sauberes Zimmer für 49 Euro.

Bis zum Treffen mit Alba um 18.00 Uhr habe ich Zeit, meine Gedanken an Carlo zu formulieren und ihm über WhatsApp zu schicken:

Lieber Carlo,
das, was du gerade empfindest, kennen Menschen seit Jahrhunderten, darunter gar Freiheitskämpfer/ Helden. In der sehr lesenswerten Humboldt-Biographie schreibt die Autorin Andrea Wulf sinngemäß: „Nach den ausschweifenden Tagen und Nächten in Paris verfiel Simon de Bolivar in eine Depression. Von Lyon aus wanderte er durch die Wälder Piemonts und über die schnee-

bedeckten Appeninen nach Rom, wo er wie neu geboren auf Alexander von Humboldt traf."

Vielleicht schaffst du es, lieber Carlo, deine Gefühle wahrzunehmen, ohne sie zu werten. Dann wird es dir gelingen herauszufinden, was dir guttut. Vielleicht ist es eine Wanderung mit Deiner Freundin Pauline, vielleicht eine allein, vielleicht auch etwas ganz anderes. Du wirst es dann besser schaffen, dich dem Gruppenzwang zu entziehen.

Als ich 2009 meinen ersten Camino in Anbetracht meiner eigenen Krise lief, versuchte ich Wege zu finden, mich von den Fesseln der depressiven Gedanken zu befreien. Wie Du weißt, sind aus einem Camino viele geworden. Damals wie heute treffe ich immer wieder auf liebenswerte Menschen, die ich als Bereicherung erlebe. Es kommen jedoch immer wieder die Momente, in denen ich lieber allein laufen möchte. Ich habe mich dann bewusst abgesetzt, ohne das Gefühl gehabt zu haben, etwas zu verpassen oder jemanden zu kränken. Den eigenen Gedanken nachhängen, ganz bei sich selbst zu sein – das hat mich der Camino gelehrt.

Heute bin ich eine der schönsten Etappen aller Caminos gelaufen. Endomorphine ohne Ende!! Erinnerst du dich noch, als du nach dem Abitur deinen ersten Camino allein gemacht hast und wie du dich vorher und nach deinem Start in Pamplona gefühlt hast?

Wie auch immer, ich wünsche dir, dass die gemeinen Quälgeister bald wieder verschwinden und du die Zeit mit deinen Freunden genießen kannst. Freue mich jetzt schon auf unser Wiedersehen.

Liebe Grüße Dein Papa

Ich habe die Nachricht gerade abgesetzt, da kommen mir Bedenken, ob es nicht anmaßend ist, Carlo als angehenden Psychologen mit derartigen Betrachtungen zu konfrontieren.

Apropos Gefühle. Hilft es nicht Körper und Seele, wenn wir häufiger das Land der Rationalität verlassen und unbewusste Teile unserer Intelligenz sprechen lassen, Gefühle zuzulassen? Eine norwegische Studie hat ergeben, dass, wer empathisch und altruistisch handelt, sein Immunsystem stärkt. „Die Entwicklung von Computern hat dazu geführt, dass ihre Berechnungen und Diagnosen denen des Menschen weit überlegen sind. Was künstliche Intelligenz und Roboter aber immer unterscheiden wird, ist das Gefühl", schreibt Leon Windscheid. „Selbst eine Zahl löst bei uns ambivalente Gefühle aus. Sechsunddreißig zum Beispiel. Bin ich bereit, 36 Euro für einen Wein auszugeben? Ist man mit 36 Jahren alt oder jung?" „Gefühl ist alles", befand Goethe. Kann der größte Dichterfürst Deutschlands irren?

Pünktlich um 18.00 Uhr werde ich durch einen Anruf an das vorgesehene Treffen mit Alba erinnert. Die junge Frau überreicht mir für 40 Euro die Karten für die Bootsfahrt und bittet uns morgen um 8.00 Uhr am Hafen zu sein. Das wäre mit dem zunächst gebuchten Hotel in Vilagarcia de Arousa eng geworden.

Das Ankunft–Bier trinken wir vor der Bar neben unserer Unterkunft. Ein alter Seemann am Nachbartisch versucht mit uns in Kontakt zu kommen. Er erzählt von seinen Expeditionen nach Norwegen und sonst wo hin. Besser gesagt: Er nuschelt es in seinen Bart hinein. „What a life", ruft er uns wild gestikulierend zu. Zumindest ist es das, was ich höre „What a wife", versteht Kerstin. Was auch immer er uns mitteilen möchte: Beidem kann ich heute uneingeschränkt zustimmen!

Wir schlendern durch den kleinen Ort und landen schließlich am Hafen. Dort suchen wir uns einen Platz, um in unseren E-Books zu lesen. Ich finde eines, das gut zu diesem Camino passt. Es heißt „Der Bienenkorb". Der Name des Autors lautet: Camilo Jose Cela. Vor einigen Monaten hatte ich es mir auf meinen Kindle geladen. Die Handlung spielt in Madrid während des 2. Weltkrieges. Genauer gesagt im Café der Dona Rosa, in dem die Figuren des durch den Bürgerkrieg entwurzelten Kleinbürgertums agieren. Später wird uns Camilo Jose Cela noch einmal in Padron begegnen. Die Sonne steht noch immer hoch um 19.00 Uhr. Eigentlich müsste Spanien so wie Portugal hier im Westen eine andere Zeitzone haben.

Draußen beim Genuss diverser Tapas tritt plötzlich der Chef des Lokals an unseren Tisch und bittet uns, die Masken aufzusetzen. Dabei zeigt er auf den Wagen der Policia in unmittelbarer Nähe. „Wie soll das funktionieren?", frage ich ihn. „Einen Schluck trinken – Maske auf! Einen Schluck trinken – Maske auf!", sagt er ohne dabei zu grinsen. Er meint es ernst.

Die Spanier haben die Nase voll von Corona, vielleicht sind sie gar traumatisiert von der Ausprägung und Ausbreitung der Epidemie in ihrem Land. Sehr konsequent tragen 90 Prozent der Menschen Masken in der Stadt. Jogger mit Mundschutz liefen an uns vorbei. Radfahrer kamen uns mit Masken entgegen. Covid-19 hat vieles verändert – auch bei uns: Neue Schlagwörter wie Social Distancing, Mindestabstand oder Wocheninzidenz etablierten sich während der Pandemie. Seltsam anmutende neue Hierarchien, von denen man vorher nichts ahnte, entstanden. Entsprechend neuem Sprachgebrauch waren wir jetzt systemrelevant. Was aber heißt schon systemrelevant? Ist nicht jeder auf seine Weise systemrelevant? Der Restaurantbesitzer, der Kellner, der Müllfahrer, die alleinerziehende Mutter? Selbst der Bankangestellte, der der alten Frau ihr redlich Gespartes für den Kauf von hochrisikobehafteten Anlagen aus der Tasche zieht, ist systemrelevant. Die Frage ist nur, ob es das System ist, das wir noch unterstützen möchten. Ist eigentlich schon der Preis für das Unwort des Jahres vergeben worden? Ich hätte da eine Idee.

Auch die Systemrelevanz hat mich nicht vor einer Corona-Infektion und Quarantäne bewahrt. Am Mittwoch, den 11. Februar schellte der Wecker eine halbe Stunde früher als sonst. Wie in den letzten beiden Tagen freute ich mich, bei Sonnenschein und klir-

render Kälte durch den 30 cm hohen Pulverschnee zu stapfen. Anders als üblich in unseren eher flachen Gefilden hatte er sich nicht wieder schnell in einen grauen Matsch verwandelt. Solange sich die weiße Pracht mit ihren besonderen Lichtreflexen uns darbieten würde, wollte ich meine Wanderstiefel schnüren und die vierzig Minuten zur Praxis laufen. Um diese Zeit waren sowohl im Stadtwald, den ich durchquerte, wie auch auf den Straßen kaum Menschen und Autos unterwegs. Ich freute mich auf die Stille. Ein Luxus, der umsonst ist.

Mitten in die Euphorie platzte die Nachricht meiner Tochter Lara, die in einem Kölner Krankenhaus arbeitet und uns am Wochenende besucht hatte, auf dem Handy: „Habe gerade mein Ergebnis erhalten. Ich bin positiv". Trauriges Smilie. Drei Wochen Quarantäne sorgten für ein mittleres Chaos in der Praxis. Mir wurde in der Abgeschiedenheit des Anbaus bewusst, was wirklich zählt im Leben: Gesundheit und die alltäglichen Begegnungen und Beziehungen, die wir eingehen. Diese achtsam und respektvoll zu pflegen, führt zu einer sich stets erneuernden Bereicherung unseres Daseins.

Wieder einmal meinte es der Allmächtige gut mit mir. Lediglich an zwei Tagen hatte ich Fieber und Kopfschmerzen zu beklagen. Dennoch blieb Unsicherheit. Ein Monster namens Long Covid „bereicherte" die Berichterstattungen über Corona. Es hat mich bis heute nicht erreicht... Grazie Dio!

U m das Frühstück um sieben Uhr einzunehmen, müssen nicht nur wir früh aufstehen. Auch der Ober hat sich allein für uns um diese Zeit um sieben Uhr in den Frühstückssaal begeben, um nur uns beide zu bedienen. Welch ein Service!

Wir schultern unsere Rucksäcke. Anstatt zehn Kilometer von Vilagarcia de Arousa nach Vilanova de Arousa laufen wir zehn Minuten durch das Städtchen und sind mehr als pünktlich am Hafen, wo das Boot auf uns wartet. Gemächlich fährt es zunächst an eine Muschelbank heran, an der uns die Aguakultur der Muschelzucht erklärt wird. Galicien ist der drittgrößte Produzent von Miesmuscheln (Mojillones) in der Welt. Die Produktion konzentriert sich im Wesentlichen auf die fünf großen Flussmündungen der Rias Baixas, in unserem Fall auf die Ria de Arousa. Wir sehen eine riesige schwimmende Plattform aus Eukalyptus (Batea genannt), in der die Muschelbrut bis zur Ernte reift. Die Plattform wird von 400 Seilen getragen und hat keine Bodenberührung.

Es folgt der ultimative Bandscheibentest. Das Boot brettert mit irrer Geschwindigkeit dermaßen hart auf dem Wasser, dass ich fürchte, mein Rücken zerbricht gleich in zwei Teile. „Eine Seefahrt, die ist lustig..." Der Legende nach soll Jakobus der Ältere nach seiner Hinrichtung in Palästina von seinen Schülern Theodorus und Athanasius über die Ria Arousa und den Rio Ulla sowie den Rio Sar in einem steinernen Schiff nach Padron gebracht worden sein (Traslatio). Dort wurde das Schiff am sogenannten Pedron („großer Stein") festgemacht. Nachdem das Meer in den Rio Ulla gemündet ist, können wir an verschiedenen Stellen Kreuze an den Ufern sehen, die im Andenken an die Legende aufgestellt wurden. An einem dieser Orte stehen gleich drei Kreuze nebeneinander, die die Hinrichtung Jesu mit seinen beiden Leidensgenossen am Berg Golgotha symbolisieren.

Nach gut einer Stunde ist der Bandscheibentest beendet. Mist! Beim Verlassen des Bootes in Pontesecures vergesse ich meinen lieb und vertraut gewordenen Gehstock, den ich im „Dschungel" vor Armenteira gefunden hatte. Es ist jetzt nicht einmal zehn Uhr. Unser Zimmer im drei Kilometer entfernten Padron ist mit Sicherheit noch nicht beziehbar. So schön es auch war, sich mit dem Boot kutschieren zu lassen – Wir haben beide das Bedürfnis, unseren Körper nicht nur passiv, sondern auch aktiv in Bewegung zu bringen. Bei einem Kaffee auf der anderen Seite des Rio Ulla informieren wir uns in dem Wanderführer von Cordula Rabe, welche Optionen uns bleiben.

Wir entscheiden uns für einen Abstecher zum Kloster Herbon. Dafür müssen wir erneut die Brücke über den Rio Ulla überqueren und kurz dahinter links die kaum befahrene asphaltierte Straße hinauflaufen. Über einen schmalen Pfad entlang am Ufer des Flusses und weiter durch einen Eukalyptuswald erreichen wir das etwa drei bis vier Kilometer von Pontesecures entfernte Kloster. Es liegt idyllisch eingebettet in der von Bäumen und Wiesen umgebenen Natur. Da das Innere des 1396 gegründeten Convento de San Antonio de Herbon seit Beginn der Corona-Pandemie geschlossen ist, beschränken wir uns notgedrungen auf die Besichtigung der Außenanlagen.

Im Garten des Klosters schwitzt ein Mann, etwa in meinem Alter, beim Umgraben. Nach seiner wissenschaftlichen Karriere als Geologe in Mexico hat er sich als Laie dem Kloster angeschlossen. Er empfiehlt uns, nicht den offiziell ausgeschilderten Camino nach Santiago sondern den viel schöneren, ruhigeren und naturbelassenen Weg hinter dem Kloster zu laufen. Gute Idee, kommt aber wahrscheinlich nicht in Frage, da wir dann morgen früh wieder hier hochkraxeln müssten. Der Mann hat aber noch viel mehr zu erzählen. Unbedingt müssten wir die beiden Museen in Padron besichtigen, zum einen das der Dichterin Rosalia de Castro, die hier in der Gegend im 19. Jahrhundert von Iria Flavia aufgewachsen ist. Noch wichtiger sei jedoch das Haus, in dem die Geschichte des großen spanischen Schriftstellers und Nobelpreisträgers Camilo Jose Cela dargestellt wird. Nach dem Eintauchen in den „Bienenkorb", seinem bekanntesten Werk gestern Abend am Hafen verspüre ich eine große Neugierde auf seine Empfehlung. Die spannendste Geschichte, die der Mann preisgibt, ist jedoch die, wie die Pimientos nach Padron kamen:

Ein Franziskanermönch brachte die grünen Paprikaschoten von seiner Missionsreise in Mexiko aus der Provinz Tabasco mit. Schon früh erkannte man, dass die Schoten in Olivenöl angebraten und mit grobem Salz bestreut ihren besonderen scharfen Geschmack entfalten konnten. Galicische Bauern säten sie an den Ufern von Ulla und Sar aus und siehe da: Sie gediehen prächtig. So wie die Bezeichnung DOC auf die Originalherkunft des Weines hinweist, darf das offizielle Gütesiegel DOP (Pemento de Padron) nur für die Paprikaschoten vergeben werden, die aus der Region kommen.

Wir laufen noch ein paar hundert Meter durch einen Waldweg, bevor wir die letzten drei Kilometer an der Straße in Richtung Padron zurücklegen. Gegen 14.00 Uhr erreichen wir unser Hotel Rivera am Stadtgarten ganz in der Nähe des Zentrums.

Bevor ich mich genüsslich auf ein Mittagsschläfchen einlasse, lese ich, was Carlo mir zurückgeschrieben hat:

„Vielen Dank für diese tollen Worte, Papa. Ich bin so dankbar, dich zu haben und in solchen Momenten weiß ich es immer besonders zu schätzen, dass du mir so viel auf den Weg gibst und ich mich in Not immer auf dich verlassen kann. Es gibt mir so viel Ruhe im Hinterkopf zu wissen, dass du erreichbar bist. Ich bin zuversichtlich, dass ich es durch die Auseinandersetzung mit mir selbst schaffe, diese Gefühle immer besser zu verstehen, schlussendlich besser vorbereitet bin auf meine Down-Phasen und weiß, mit diesen umzugehen. Vielen Dank für deine Unterstützung. Ich hab dich lieb, Papa."

Als ich vor zwei Jahren in Kalkutta bei German Doctors mitgearbeitet habe, erwartete ich, dass es um das nackte Überleben ging. Ja, Tuberkulose, Malaria, Denguefieber und andere schwere Infektionskrankheiten – es gibt sie

alle, was mich aber sehr überraschte, war, dass psychosomatische Erkrankungen und psychiatrische Krankheitsbilder nicht seltener als bei uns zu finden sind. Allenfalls die kulturell bedingten Ursachen für Depressionen z. B. sind unterschiedlich.

Am 2. Oktober 2019 schrieb ich in meinen Blog: Die Schultern nach vorne gebeugt, scheuer flüchtiger Blickkontakt, gebrochene leise Stimme, melancholische Augen – so präsentiert sich der 33-jährige Mann auf dem Stuhl vor mir in der Ambulanz. Meine Kollegin hatte ihm vor acht Wochen bereits ein Antidepressivum verordnet, da seine Mutter ein Karzinom im Endstadium hatte. Mittlerweile ist sie verstorben. Ich habe den Eindruck, es ist nicht die ganze Wahrheit und bitte meine Übersetzerin Kaberi weitere Fragen zu stellen. Die nachfolgende Exploration funktioniert nur, weil Kaberi eine Person mit besonderen empathischen Eigenschaften und einer außergewöhnlichen Sensibilität ist. Sie schafft es in kurzer Zeit, dass der Mann sich öffnet. Was wir erfahren, ist schockierend, besonders für mich.

„Wie geht es Ihrer Frau?", das ist die Frage, die uns weiterbringt. Er habe vor einigen Jahren geheiratet. In den ersten drei Jahren seien keine Kinder gekommen. Daraufhin habe seine Schwiegermutter ihre Tochter abgeholt und wieder in ihre Familie genommen. „Und was macht ihre Frau jetzt?", will ich wissen. „Sie hat einen neuen Mann gefunden, mit dem sie ein Kind hat", antwortet er. Wie viele Psychoanalysesitzungen sind notwendig, um ein solches Trauma erfolgreich zu verarbeiten? Da er kaum mehr aus dem Bett kommt, arbeitet er nicht mehr. Seine finanzielle Situation ist auch nicht rosig.

Kaberi hat eine einfache Lösung: „Sie sind jung, sie finden eine neue Frau", versucht sie ihn zu ermuntern. Der Appell wird nicht ausreichen. Ich bemühe mich, noch ein paar verhaltenstherapeutische Aspekte mit auf den Weg zu

geben, aber auch das wird nicht die Lösung sein. Vielleicht hilft es ihm ein wenig, wenn wir engmaschige Termine vereinbaren und er von Zeit zu Zeit mit dem jeweiligen Kollegen sprechen kann. Meine Dokumentation fällt in diesem Fall etwas umfangreicher aus – ein indisches Schicksal, von dem vermutlich in den meisten Fällen eher die Ehefrauen betroffen sind.

Nach dem Mittagschläfchen schlendern wir durch Padron, überqueren die Brücke über den Sar und passieren unterhalb des Convento del Carmen die Herberge, in der ich vor neun Jahren mit Luca Quartier gefunden habe. Dort, wo er die halbe Nacht auf dem Küchentisch geschlafen hatte, da er in dem großen Schnarchsaal keine Ruhe finden konnte. Anders als vor neun Jahren steigen wir dieses Mal auch die 130 Stufen hoch auf die Ermita de Santagui-no do Monte. Wir müssen konzentriert sein, denn der Legende nach muss man die Stufen hoch zu der kleinen Kapelle ohne Pause zurücklegen, um später in den vollen Genuss der Gnade zu kommen. Hier an dieser Stelle, wo die kleine Jakobusstatue mit Steinkreuz steht, soll Jakobus auf seiner Mission in Galicien seine erste Predigt gehalten haben. Wieder unten in der Stadt besichtigen wir in der Santiagokirche den Pedron, also den Stein, an dem das Schiff des überführten Leichnams Jakobus' festgemacht wurde. Hell erleuchtet hat er in einer Senke seinen exponierten Platz in der Kirche gefunden. „Lass uns eine Kerze für deine Mutter anzünden", sagt Kerstin. „Ja, gute Idee", stimme ich ihr freudig zu.

Der „Pedron"

Das Jahr 2020 wird als das Corona-Jahr in die Geschichte eingehen. Einschneidend war es für mich aber auch durch den Tod meiner Mutter.

Das Leben meiner Mutter war geprägt von Selbstbestimmtheit. Selbstbestimmtheit ist im Leben etwas, das nicht jeder praktizieren kann, wie er es möchte. Die Prägung im Elternhaus sowie bestimmte Lebenserfahrungen hindern ihn daran. Zum anderen gibt es Bedingungen im Berufsleben, die eher ungeeignet sind, sich selbst bestimmen zu können. Durch Studien ist belegt, dass die Möglichkeit und Fähigkeit, sich selbst zu bestimmen, einem Herzinfarkt vorbeugt. Grundsätzlich scheint es Stress zu vermindern. Jeder Psychologe weiß, dass das Erlernen von Selbstbestimmtheit eine unabdingbare Voraussetzung ist bei drohendem Burnout, ihm zu entgehen.

Meine Mutter war ein Paradebeispiel für Selbstbestimmtheit. Lebenskrisen und Schicksalsschläge hat sie dadurch gut bewältigt. Bis zuletzt hat sie sich eigenständig versorgen können. Selbst mit 96 Jahren hat sie sich jeden Morgen aufgerafft, die knapp zwei Kilometer von ihrer Wohnung aus in die Stadt zu laufen, obwohl sie abweichend vom Eintrag in ihrem Personalausweis neun Zentimeter geschrumpft war. Ganz zum Schluss ihres Lebens stieß sie kurzfristig an ihre Grenzen:

Da sie sehr geschwächt war, hatte ich sie zu Beginn der Woche ins Krankenhaus gebracht. Mitte der Woche stellte sich heraus, dass die Ursache für ihre Beschwerden Metastasen eines bekannten Mamakarzinoms waren. Entgegen unseren Bestrebungen und weit abweichend von der Prognose des Chefarztes entschloss sie sich, in den nächsten Tagen zu sterben. Sie bestellte meine Partnerin Kerstin ins Krankenhaus, löste die letzte, ihr noch verbliebene Kette vom Hals und überreichte sie ihr mit einem genugtuenden Lächeln im Gesicht (sämtlicher Schmuck war ihr einige Wochen zuvor gestohlen worden). Zum Wochenende hin wurde sie müder, die Kommunikation über WhatsApp fiel ihr zunehmend schwerer. Ich rief meinen Bruder Marcus aus Köln herbei, der sie am Sonntagnachmittag im Krankenhaus aufsuchte. Marcus fand sie zunächst schlafend vor, bevor sie plötzlich aufwachte. „Marcus, wie schön dich zu sehen. Wo kommst du denn her?", empfing sie meinen Bruder, als würde sie sich wundern nicht schon im Jenseits, sondern noch im Diesseits zu sein. Sekunden später war sie bereits im Familienmodus. „Wie ist die Geburtstagsfeier in Köln gelaufen?", will sie von Marcus wissen. So kannten wir sie in ihrer steten Anteilnahme und Sorge um ihre Kinder, Enkelkinder und Geschwister. Fünf Stunden später traf mein Bruder Stefan mit seiner Tochter Carlotta aus Hamburg ein. Sie erlebten ihre Mutter und Oma noch drei Minuten. Dann tat sie ihren letzten Atemzug.

90 Jahre ihres Lebens hatte sie in Herne verbracht. 2014 starb mein Vater, den sie bis zuletzt liebevoll versorgt hatte, mit knapp 99 Jahren. Die Entscheidung zu uns nach Bocholt zu ziehen war keineswegs von Anfang an klar. „Einen alten Baum verpflanzt man nicht". So lautet eine Weisheit. Ob er an anderer Stelle noch einmal angeht, ist mehr als fraglich. Mama ging an. Mehr noch: Sie erfuhr eine neue Lebensqualität, die sich in einer intensiven Beziehung zu ihren Enkelkindern zeigte. Durch ihre aktive Art des Zuhörens erfuhr sie Erlebtes und Gefühltes von ihnen, das selbst den Eltern verborgen blieb.

Mamas Bestattung fiel auf den heißesten Tag im August. Trotz Corona-Einschränkungen war es ein würdiger Abschied. Heinrich Beckmann, ein Freund der Familie aus Gelsenkirchen-Ückendorf -mittlerweile selbst 90 Jahre alt- hielt die Messe. Mit seiner besonnenen Art und der Aura eines leibhaftigen Engels fand er Worte, die nicht passender hätten sein können.

Dass ein solch würdiger und persönlicher Abschied eines geliebten nahestehenden Menschen nicht selbstverständlich ist, brachte uns am Abend des Bestattungstages mein Bruder Marcus ins Gedächtnis. Bei tropischen Temperaturen auf unserer Terrasse in Bocholt erinnerte er an die Beerdigung meines Vaters sechs Jahre zuvor. Wie üblich hatte der uns nicht persönlich bekannte Pfarrer Erkundigungen über das Leben des Verstorbenen bei seiner verbliebenen Ehefrau eingeholt. Während der Messe verkündete er dann in der Würdigung meines Vaters mit getragener Stimme der trauernden Gemeinde und Familie: „Sein Beruf war für ihn Berufung. Er machte Gesunde krank". Damals blieb einigen beinahe die Hostie im Hals stecken. An jenem Abend auf der Terrasse mussten wir Tränen lachen. Meiner Mutter hätte es gefallen. Trübsinn war nicht ihr Ding.

Herberge in Padron

Nach Mamas Tod fanden wir ein Buch in ihrem Regal, das meine Tochter Lara ihr vor einigen Jahren geschenkt hatte. Der Titel: „Oma erzähl mal". Meine Mutter hatte es von der ersten bis zur letzten Seite ausgefüllt, passend dazu leicht vergilbte Schwarz-Weiß-Fotos eingeklebt. „Niemand kann für kleine Kinder mehr tun als ihre Großeltern. Großeltern streuen Sternenstaub über ihre Enkelkinder". So ließ sich der amerikanische Schrift-steller Alex Haley zitieren, der berühmt geworden ist durch die Saga um den jungen Kunta Kinte, der siebzehnjährig aus seiner Heimat verschleppt und auf dem Sklavenmarkt in Virginia verkauft wurde.

Eine Frage in Laras Buch lautete: „Was ist für dich der Unterschied zwischen Kindern und Enkelkindern?" Mamas Antwort: „Enkelkinder darf man NUR verwöhnen!"

Und womit lassen wir uns verwöhnen? Nichts liegt an diesem sonnigen Abend näher als das: Mit einer XXL-Portion kleiner grüner Paprikaschoten beschließen wir stilvoll den Tag.

Die Wettervoraussage kündigt 35 Grad Celsius in Santiago an. Um die 25 Kilometer dorthin einigermaßen unbeschadet zu überstehen, müssen wir daher auch heute früh aus den Federn. Um sieben Uhr sind wir ohne Frühstück auf der Piste. Direkt hinter unserem Hotel führt ein Zubringer nach 500 Metern auf den Camino.

Noch im Halbdunkeln leiten uns die Pfeile auf einen schmalen, verkehrsberuhigten Weg. Keine Fahrzeuge, kaum eine Menschenseele zu sehen, das bewusste Einatmen der frischen noch kühlen Luft, die hier nicht wie sonst in Galicien nach Gülle riecht. Morgennebel über den Feldern. Stille – eine mystisch anmutende Stimmung im Nebel. Genauso fühlen sich die besonderen Momente auf dem Camino an.

Wir verstärken uns gegenseitig in der Wahrnehmung dieser einzigartigen Atmosphäre. Ist das der Situation angemessen oder sollten wir einfach mal die Klappe halten und das Momentum besser für uns – still – genießen?

„Stille ist der neue Luxus". So drückt es Erling Kagge, der norwegische Abenteurer, der den Nordpol, den Südpol und den Mount Everest allein erklommen hat, aus. Ein Luxusgut, das gar umsonst ist und sich nicht dadurch auszeichnet, dass es nur für wenige Menschen

erschwinglich ist. Stille zeichnet sich nicht durch ein „Mehr" aus, sie ist nicht dadurch gekennzeichnet, dass etwas hinzugefügt wird, sondern dass etwas „abgezogen" wird. Um diesen Luxus zu erleben, muss ich nicht auf den Jakobsweg nach Spanien fliegen. Ich muss nirgendwo hinfahren oder hinfliegen. Ohne Aufwand kann ich Stille

überall erfahren, ja selbst im Trubel meiner Arbeit. Jeder erlebt sie anders. Aber nicht immer gelingt es, sie herzustellen. „Mein Kopf ist voller unausgereifter Gedanken und ich schaffe es nicht, die Welt auszusperren", beklagt Kagge.

„Wovon man nicht sprechen kann, darüber sollte man schweigen", schreibt Ludwig Wittgenstein im Tractus logico–philosophicus. Was Wittgenstein damit gemeint haben könnte, legt Kagge in einem anschaulichen Beispiel dar. Der Bergführer Claus Helberg überreichte seinen Teilnehmern einer Bergwanderung am frühen Morgen einen Zettel, auf dem geschrieben stand: „Ja, es ist fantastisch". Helberg wollte vermeiden, dass die Gruppe sich den ganzen Tag lang gegenseitig erzählt, wie fantastisch es ist, statt sich auf das Fantastische der Natur zu konzentrieren und ging selbst voran, indem er die Worte nicht aussprach, sondern auf einen Zettel schrieb.

Die ersten Sonnenstrahlen bahnen sich den Weg durch den Morgen-

dunst, es scheint, als würden sie sich noch nicht so recht trauen. Immer wieder zieht der Himmel sich zu. Dann aber reißt er komplett auf und lässt der Sonne freien Lauf. Der azurblaue Himmel – ein Aphrodisiakum für unsere Augen! Mit einer allerdings nicht unbeträchtlichen Nebenwirkung: Das Quecksilber nähert sich in Rekordtempo den angekündigten Höchsttemperaturen. Gut, dass wir schon über die Hälfte des Weges geschafft haben.

Der Camino führt uns durch einen Wald herauf auf die Straße, an der ein kleines Geschäft liegt, das allerlei Genussmittel zur Wegzehrung anbietet. Der Verkäufer ist sichtlich erfreut über unseren Besuch. Wir bedienen uns an der Kaffeemaschine, bestellen ein Croissant und einen Orangensaft dazu und machen es uns auf den gepolsterten Europaletten vor dem Laden bequem. Durch das Fenster ertönt „Sultans of Swing", der Kultsong der Dire Straits aus den Neunzehnhundertsiebzigern nach draußen. „Good music", rufe ich dem sympathischen jungen Spanier durch das Fenster zu. „Si, esta musica le gusta a todos", kommt unverzüglich die Antwort von drinnen. „Und was mir auch gefällt, ist dein schwarzes Trikot", ergänzt er ganz zu meiner Freude. „VfL Bochum – Sind die nicht gerade in die Bundesliga aufgestiegen?" So schnell kann es gehen. Vor zwei Jahren musste ich mir noch höhnische Bemerkungen diesbezüglich gefallen lassen. Und jetzt dürfen wir noch nicht einmal gegen Königsblau antreten, da sie nicht mehr in unserer Liga spielen. In der Tat – wir fühlen uns beschwingt zwölf Kilometer vor Santiago.

Unser Weg nähert sich dem Ende. Obwohl es die letzten Kilometer noch einmal richtig steil bergauf geht und die Temperaturen die 30-Grad-Marke deutlich überschritten haben, macht er uns keine Mühe. Einerseits ist es die Euphorie, bald am Ziel zu sein, andererseits wahrscheinlich ein Trainingseffekt. Immer noch wirft man sich ein freundliches „Buen Camino" zu. „Grazie altretanto" kommt es leicht abgewandelt zurück. Der Europameister gibt sich die Ehre. „Gratulatione per il Campionato!"

„Wenn du an dem Vater mit seinem Jungen vorbeigehst, sag ihm bitte etwas nettes", ruft mir Kerstin zu. Ich erfahre, dass der Junge elf Jahre alt ist, aus der Nähe von Valencia stammt und seit drei Jahren mit seinem Vater Jakobswege läuft. Auch Vater und Sohn sind vor einer Woche in Vigo gestartet. Ich übermittle dem Jungen meine aufrichtige Anerkennung.

Die Schlange am Einlass in die Kathedrale ist gigantisch. Das wird wohl nichts mit dem Erlass aller Sünden beim Passieren der Heiligen Pforte! Man kann die Kathedrale zwar nicht von der Praza do Obradoio über das Hauptportal betreten, was jedoch absolut versöhnlich stimmt, ist der Anblick der Kathedrale. Nachdem der Stein jahrelang blitzeblank geputzt wurde, erstrahlt die Barockfassade nunmehr in neuem Glanz. Das Gerüst ist weg. Endlich! Was für ein wunderschönes Bauwerk!! Beim obligatorischen Fotoshooting am Pferdebrunnen auf der anderen Seite treffen wir 'Ryanair' mit seinem holländischen Kumpel Rick aus der Herberge in Armenteira. Genau wie wir sind die beiden in der Hospederia San Martin untergekommen. Diese liegt direkt gegenüber der Kathedrale und ist aus einem ehemaligen Kloster entstanden. Das gut temperierte Hotel erscheint mit seinen alten Gemäuern in einem würdigen Ambiente. Allenfalls die Abfertigung an der Rezeption wirkt ein wenig stereotyp. Unser Zimmer ist klein, hat aber durch das Fenster einen wunderbaren Ausblick auf den Klosterhof. Auch wenn die Hospederia San Martin nicht ganz an den Glanz des Paradors auf dem Praza do Obradoio, das ich mir mit meiner Tochter Lara vor fünf Jahren bei unserer Ankunft in Santiago gegönnt habe, heranreicht – sie ist ein sehr geeigneter Abschlussort unserer Pilgerreise und kostet auch nur ein Drittel dessen.

Der Parador auf der Praza do Obradoiro heißt eigentlich Hospital de

los Reyes Catolicos. Das Gebäude wurde 1489 von König Fernandes und Königin Isabell zur Aufnahme von Pilgern errichtet. Noch immer besteht die Tradition, dass die jeweils ersten zehn Pilger eines Tages um neun Uhr zum Frühstück eingeladen werden.

2016 erreichte ich mit meiner Tochter Lara von der Via de la Plata kommend Santiago. Lara war nach den Übernachtungen in Herbergen glücklich mit unserem kleinen Zimmer in der Nähe der Praca Galicia. Ich hatte anderes im Sinn. Ein einziges Mal wollte ich in dem berühmten sündhaft teuren Hospital de los Reyes Catolicos übernachten. Nur eine einzige Nacht im angeblich ältesten Hotel Spaniens! Am Morgen führte ich Lara auf den Praca do Obradoiro, um ihr mitzuteilen, dass uns für die zweite Nacht in Santiago lediglich dieses bescheidene Hotel bliebe. Ich hatte es drei Monate vor unserem Start gebucht.

Nachmittags suchen wir das Pilgerbüro auf, um die Compostela zu erhalten. Vieles hat sich seit Corona verändert. Auch der Bezug der Urkunde, mit der wir dokumentieren können, dass wir mindestens die letzten 100 Kilometer am Stück laufend zurückgelegt haben. Uns kommen Bedenken: Gilt das auch für uns, die wir die vorletzte Etappe überwiegend mit dem Boot gefahren sind? Ja, erfahren wir aus Beschreibungen, die Regel macht bei der Traslatio eine Ausnahme. So wie sonst, sich einfach in die lange Schlange einzuordnen am Pilgerbüro, funktioniert das nicht mehr. Stattdessen müssen wir uns im Netz anmelden, bekommen eine Nummer und erhalten eine E-Mail, wenn wir an der Reihe sind. Mir ist das zu aufwendig. Ich suche uns stattdessen einen Platz in dem Lokal gegenüber dem Pilgerbüro. Schließlich habe ich schon drei Exemplare einer Compostela zu Hause im Regal. Während Kerstin sich ihre Compostela abholt, schicke ich Ingo ein Foto von unserer Ankunft in Santiago. Ingo hat zurzeit Besuch von seiner Pilgerliebe Alice aus Melbourne, die, wie er sagt, sein beschauliches Singleleben ordentlich umgekrempelt hat. Nach dem Umkrempeln hat sie sich erneut aufgemacht, um den Camino Frances in Saint Jean-Pied-De-Port zu starten. „Ich habe große Sehnsucht nach dem Pilgern. Ja, Camino-Zeit ist immer wunderbar, magisch, reinigend und erhellend", schreibt er.

Kerstins Augen glänzen. Voller Stolz hält sie mir ihre Compostela mit der lateinischen Inschrift vor die Augen. Eigentlich wollten wir traditionell im „Manolo" unser Abendessen einnehmen. Der Augenblick ist jedoch gerade so einzigartig, dass wir uns kurzerhand entschließen, hier ein Pilgermenü zu bestellen. Keine schlechte Entscheidung. Der auf den Punkt gebratene Lachs lässt keine Reue aufkommen.

Capitulum huius Almae Apostolicae et Metropolitanae Ecclesiae Compostellanae, sigilli Altaris Beati Iacobi Apostoli custos, ut omnibus Fidelibus et Peregrinis ex toto terrarum Orbe, devotionis affectu vel voti causa, ad limina SANCTI IACOBI, Apostoli Nostri, Hispaniarum Patroni et Tutelaris conventientibus, authenticas visitationis litteras expediat, omnibus et singulis praesentes inspecturis, notum facit: *Dnam*

Christinam Mariam Hues

hoc sacratissimum templum, perfecto Itinere sive pedibus sive equitando post postrema centum milia metrorum, birota vero post ducenta, pietatis causa, devote visitasse. In quorum fidem praesentes litteras, sigillo eiusdem Sanctae Ecclesiae munitas, ei confert.

Compostellae die 19 mensis *Iulii* Anno Sancto Dni *202*

Segundo Peire

Segundo L. Pérez López
Canonicus Deputatus pro Per

Eigentlich könnten wir ausschlafen. Da wir jedoch die Pilgermesse um 9.30 Uhr besuchen möchten, klingelt unser Wecker so zeitig, dass wir zuvor auch noch das Frühstück im Hotel einnehmen können. Anders als gestern haben wir heute kein Problem, die Kathedrale ohne Verzögerungen zu betreten und kommen somit in den Genuss, dass uns im Heiligen Jahr alle Sünden vergeben werden. Mit coronagerechtem Abstand zu fremden Messebesuchern bekommen wir einen Sitzplatz zugewiesen.

Ich verstehe längst nicht alles. Der junge Priester, der die Messe hält, spricht langsam, laut und deutlich zu uns. Der Vergleich, den er anstellt, erscheint mir plausibel: Es ist das Emmaus-Evangelium nach Lukas, das meistens Ostermontag in den Kirchen gelesen wird, das er heranzieht. Erzählt wird darin die Geschichte zweier Jünger, die sich drei Tage nach Jesu Kreuzigung von Jerusalem aus auf den Weg in das benachbarte Örtchen Emmaus machen. Beide sind niedergeschlagen und hoffnungslos, denn Jesus –ihr Meister– wurde hingerichtet und sein Leichnam offenbar gestohlen, denn das Grab, das sie besucht hatten, war leer gewesen. Über all das unterhalten sich die Jünger, als sich unterwegs ein unbekannter Wanderer anschließt. Erst bei einer Rast, als er das Brot mit ihnen teilt, erkennen die Jünger, dass es sich bei dem Fremden um Jesus handelt.

„Manchmal ist Gott in deiner Nähe und du merkst es gar nicht." „Es gibt üble Wege im Leben, aber es gibt immer auch einen Weg, der aus dem Übel herausführt". Diese beiden Botschaften sind es wohl die das Lukas-Evangelium vermitteln möchte. Wie viele Menschen begeben sich auf den Camino, da sie durch einen Schicksalsschlag bedingt oder durch eine unerwartete Wende im Leben einen neuen Weg suchen und wie oft ist es mir persönlich auf dem Jakobsweg schon passiert, dass zufällig ein fremder Mensch neben mir ging, der später zu einem Freund wurde. Oder dass mir erst beim Laufen auf dem Camino Erkenntnisse kamen, die ich wie ein Blinder lange nicht zu sehen vermochte. Auch wenn wir den Einsatz des Botafumeiro, dem legendären Weihrauchfass, das seit dem Mittelalter an besonderen Tagen durch das Kirchenschiff geschwenkt wird, heute nicht erleben dürfen – die Pilgermesse bildet einen würdigen Abschluss unserer Wanderung.

Auf das Umarmen der Jakobusbüste müssen wir dieses Jahr coronabedingt verzichten. Der Aufstieg ist geschlossen. Beim Verlassen der Kathedrale werden wir durch die Dombuchhandlung geführt. In der Auslage fällt mir ein Buch mit dem Titel „I am off then" auf. Interessante Übersetzung von „Ich bin dann mal weg". Hans Peter Kerkeling lässt grüßen. Auch in anderen Sprachen liegt der Bestseller aus. Ich gehe davon aus, dass ich bei meinem nächsten Besuch in Santiago „Das Experiment" vorfinden werde!

Bevor wir die Praca de Galicia ansteuern, um in den Bus zum Flughafen zu steigen, besuchen wir den bunten Wochenmarkt hinter der Praza de Cervantes, an der ich bei meiner ersten Ankunft 2009 in Santiago in einer Studentenwohnung gewohnt habe. Anschließend werden wir noch im Maeloc, meinem Lieblingsschmuckladen an der Rua do Franco fündig.

Es wundert mich, dass so viel weniger Leute als sonst auf den Flughafenbus warten. Des Rätsels Lösung liegt um die Ecke. Dorthin hat man die Haltestelle verlegt.

Sein hessischer Akzent entlarvt ihn. Der Rucksacktourist an der Haltestelle ist der erste deutsche Pilger, der uns auf dieser Reise begegnet. Auf der zwanzigminütigen Fahrt zum Flughafen bleibt genug Zeit, sich über unsere unterschiedlichen Wege auszutauschen. Günther aus Wiesbaden ist zum ersten Male auf dem Camino. Etwa die Hälfte der Herbergen sei geöffnet gewesen, Corona-Schutzmaßnahmen eher locker umgesetzt worden. Mal habe er mit sechzehn Mitpilgern, mal nur mit drei übernachtet. Auch ihm seien kaum Deutsche begegnet. Die fünf Wochen auf dem Camino Frances hätten ihn zu einem anderen Menschen gemacht. Er könne sich nicht mehr vorstellen, in die merkwürdige Scheinwelt der Banken zurückzukehren. Eigentlich habe er auf dem Weg kaum etwas mitbekommen von der Welt da draußen. Und er habe es auch nicht vermisst. „80 Prozent der Nachrichten, die man im Fernsehen übermittelt bekommt, sind eh negativ" werfe ich ein. „Das ist maßlos untertrieben", entgegnet er. „Meinem Gefühl nach sind es 98 Prozent". Beseelt von seinen Erlebnissen malt er die magischen Camino-Momente aus. „Das müsst ihr euch noch anschauen", sagt er mit Tränen in den Augen und zeigt uns am Flughafen einen kleinen Film, der sein neu gefundenes Glück dokumentieren soll. Es muss irgendwo in der Nähe der Montes de Leon sein. Dann ist er weg. „Buen Camino, Günther!"

Schlussbetrachtungen

Während ich mir Gedanken über das letzte Kapitel mache, sind die Pläne für den nächsten Weg längst in trockenen Tüchern. Das Fazit kann somit nicht schlecht ausfallen. Im Gegenteil: Der portugiesische Küstenweg ist das passende Puzzleteil zum großen Ganzen. Das große Ganze liegt nach wie vor auf der iberischen Halbinsel. Auch in Deutschland gibt es mittlerweile sehr viele gut gekennzeichnete Jakobswege. Warum dann immer wieder Spanien oder Portugal?

Es ist das Fremde, das Neue, das Überraschende, aber auch das Liebgewonnene, das ich dort finde: Die spanische Kultur mit ihrer Geschichte, den Römern, den Arabern und den keltischen Ursprüngen in Galicien. Der Wechsel zwischen beeindruckenden Städten und archaischen ländlichen Strukturen, neue, unbekannte Landschaften. Die Natur. Es ist vor allem die multinationale Atmosphäre, der Austausch mit Menschen aus allen Kontinenten der Erde, die spanische Tapas-Kultur und die vielen Legenden und Geschichten, die sich um den Jakobsweg ranken. Nicht zuletzt ist es auch die Verständigung in einer anderen Sprache, wobei man sie keineswegs perfekt beherrschen muss. Und noch etwas lässt sich sagen: Ich bin nicht eingeschränkt durch Erwartungen, die mich in meinem Erleben begrenzen. Ich kann die Welt in meiner gewohnten Umgebung ausblenden. Zeitungen, Fernsehen und Informationen, mit denen ich zu Hause zugeschüttet werde, interessieren mich hier nicht. Der Camino hilft mir nachzudenken, zu lernen, zu erkennen, zu verarbeiten, zu entspannen, zu verändern.

Eines ist sicher: Meine Liebste ist auf dem Camino angekommen. Zu einer Gefahr für unsere Partnerschaft ist der Jakobsweg nicht geworden. Im Gegenteil, er bereichert unser gemeinsames Leben. Auch Kerstin hat schon neue Pläne für zukünftige Camino-Unternehmen. Diese müssen uns nicht zwangsläufig zusammen auf den Jakobsweg führen. Wenn ich mich allein aufmache, ergeben sich Möglichkeiten, die ich zu zweit oder in der Gruppe nicht in der Intensität finde. Meine bisherige Erfahrung zeigt, dass sich dann eher tiefgreifende Begegnungen mit fremden Menschen ergeben. Und wenn Kerstin und ich uns von unseren Erlebnissen erzählen, ist auch das eine Bereicherung, die zur Stabilität und Entwicklung unserer Beziehung beiträgt.

Ich bin froh, dass ich die Anregung meines Freundes Ingo aufgenommen habe, die spirituelle Variante zu laufen. Sie bringt mit ihren nicht unerheblichen Steigungen, den einzigartigen Naturerlebnissen und der Bootsfahrt von Vilanova de Arousa nach Pontesecures noch mehr Abwechslung in den portugiesischen Küstenweg.

„In zwanzig Jahren wirst du mehr enttäuscht sein über die Dinge, die du nicht getan hast, als über die Dinge, die du getan hast. Also löse die Knoten, laufe aus dem sicheren Hafen. Erfasse die Passatwinde mit deinen Segeln".

Marc Twains Aufforderung ist zur inneren Überzeugung geworden. Zumindest zu meiner. Mutig sein, aus der Komfortzone kommen, neugierig sein. So bleibt das Leben spannend, abwechslungsreich und bereichernd.

Es mag paradox klingen: Auch Langeweile aushalten zu können ist ein besonderer Camino–Effekt. Wenn es mir gelingt, wenigstens beim Laufen auf dem Jakobsweg mein Mobiltelefon auszustellen und stattdessen die Natur um mich herum wahrzunehmen oder wenn ich erschöpft bin, einfach nur mechanisch einen Schritt vor den anderen zu setzen, so erfahre ich einen Gewinn, der darin besteht, dass sich Gedanken ausbreiten. Diese Gedanken, die sonst keine Chance haben, wenn ich jeden Moment der Langeweile versuche zu vermeiden, indem ich über mein Smartphone wische oder mich anderweitig ablenke.

Wenn ich auch diesmal wieder nur eine Woche unterwegs war - nach dem Jakobsweg fühle ich mich fitter und jünger. Der Camino ist wie eine Frischzellenkur, eine Runderneuerung. Er macht mich zuversichtlich für die kommenden Aufgaben. Trotz Corona - eines hat sich für mich nicht geändert: „Nach dem Jakobsweg ist vor dem Jakobsweg!"

Lange muss ich nicht warten. In drei Wochen werde ich mit meinem Fußballkollegen Freddy den Camino Primitivo, den ursprünglichen Weg von Oviedo aus angehen. Dafür war der portugiesische Küstenweg insbesondere mit seinen zwei Etappen auf der spirituellen Variante ein geeignetes Training. Denn dort im asturischen Mittelgebirge mit seinen Höhenprofilen erwarten uns außergewöhnliche physische Herausforderungen.

Unterkünfte:

Vigo:	B&B Hotel Rua de Alfonso XIII, 11
Redondela:	A Casa de Lucera Rua Ribiera, 10
Pontevedra:	Hotel Boa Vila Real 4-6
Armenteira:	La Pousada de Armenteira, Concello de Meis, Vilar
Vilanova de Arousa:	Hotel Bradomin, Avenida Juan Carlos I, 29
Padron:	Hotel Chef Rivera Enlace Parque, 7
Santiago:	Hospederia San Martin Pinario Imaculada 3

NUR WO DU ZU FUSS WARST,

BIST DU AUCH WIRKLICH GEWESEN.

- Johann Wolfgang von Goethe -

Dr. med. Thomas Schmidt

Thomas Schmidt, aufgewachsen in Herne, lebt in Bocholt, an der niederländischen Grenze, wo er seit 1993 als Kinder- und Jugendarzt niedergelassen ist.

Weitere veröffentlichte Bücher in der Reihe 'Camino Splitter':

Buch 1

2009 erschien sein Buch über den Camino Francés unter dem Titel: „Von León nach Santiago" - Begegnungen auf dem Camino Francés.
ISBN 978-3-8391-3740-6

Buch 2

2012 erschien sein zweites Buch über den Jakobsweg unter dem Titel: „Von Porto nach Santiago" - Mit Totti auf dem Portugiesischen Jakobsweg.
ISBN 978-3-8482-3049-5

Buch 3

2014 erschien sein drittes Buch unter dem Titel: „Von Cáceres nach Salamanca" - Begenung mit einem Engel auf der Vía de la Plata.
ISBN 978-3-7347-6892-7

Buch 4

2015 erschien sein viertes Buch unter dem Titel: „Von Calzada de Béjar nach Puebla de Sanabria" - Mit Cro auf der Vía de la Plata.
ISBN 978-3-7392-4252-1

Buch 5

2016 erschien sein fünftes Buch unter dem Titel: „Von Puebla de Sanabria nach Santiago" - Noch ein Engel auf der Vía de la Plata.
ISBN 978-3-7431-7714-7

Buch 6

2017 erschien sein sechstes Buch unter dem Titel: „Von Ferrol nach Santiago" - Hermanos auf dem Camino Inglés ISBN 978-3-7481-3078-9

Buch 7

2018 erschien sein siebtes Buch unter dem Titel: „Von Hondarribia nach Bilbao" - Auf dem Camino del Norte durch das Baskenland.
ISBN 978-3-7481-1743-8

Buch 8

2021 erschien sein achtes Buch unter dem Titel: „Von Porto nach Vigo" - Auf dem Camino Portugues da Costa. Ein Experiment (Teil 1)
ISBN 978-3-7526-4456-2

Buch 9

2021 erschien sein neuntes Buch unter dem Titel: „Von Vigo nach Santiago"-Auf dem portugiesischen Jakobsweg entlang der spirituellen Variante. Ein Experiment (Teil 2)
ISBN 978-3-7557-3881-7

Sonderausgabe

2018 erschien unter dem Titel "Santiago ruft" auf 236 Seiten ein textlicher Sammelband der Ausgaben 1 bis 6.
ISBN 978-3-7460-9158-7